熟齡恩典

當迎接上帝仍要給我的使命

李珀娜　著

陳群英　譯

基督教文藝出版社

目錄

第一章

在萬事萬物中尋見上帝

在上世紀七十年代末，我所屬的教區委員會曾就教友的關注和需要進行一項調查。調查的目標是想找出教友有甚麼需要未得到照顧，以期改善現有的堂區組織和服務。當時有位女士用了一句說話作出回應：「我已經八十六歲了，我的意見算不得甚麼。」

這句說話蘊含了多個問題：

- 長者遭受邊緣化；
- 造成這問題的態度已在長者內心生根；
- 長者沒有發聲的機會；而最重要的是：
- 這些情況是在堂區的處境中發生。

我開始問以下問題：

- 年長人士可以在哪裏找到關乎屬靈生命的指引？
- 基督教靈修提供了甚麼，足以抗衡俗世對於衰老、能力減退和死亡等問題的論述？
- 是否有人會告訴一位八十六歲的老人家，她的意見是**值得**重視的？

隨着我自己踏入晚年，我逐漸找到一些答案。

我的故事：此書的由來

我從前任職律師和法官，當我從這個滿有意義的火線退下來，頓時發現自己的存在變得隱形。我曾在一間處理訴訟的律師事務所擔任合夥人，因為當時女性在法律界仍屬少數，我的存在當然明顯易見。及至當上了法官，我更是備受尊敬，有時與我交手的律師甚至對我過分崇敬。突然有一個星期一早上，我發現當天沒有約會（這是我成年後第一次碰到的）——沒有人在等着我；沒有人再撥我一直沒有公開登記的電話號碼。我是家中的獨生女，又沒有結婚，當然不能夠以「多花一點時間跟家人一起」作為藉口而輕易找到一個避難所。我不得不面對以下問題：**現在我究竟是誰？**

1962 年，哈佛大學法律學院有四百六十八名畢業生，當中女生有十六人，我是其中之一。在上世紀五十年代，哈佛是最遲開始錄取女生的一間主要法學院。在六十年代初期，仍有些教授嘮嘮叨叨，解釋為甚麼錄取女生是一件壞事。他們最常提出的理由，是我們佔用了應該留給男生的學位，因為教授認為男生才會「學以致用」。（其實我們這畢業班的十六位女生中，後來有三位當上法官、四位當上法律系教授。）還有一些老教授投訴，錄取女生之後，害得他們要改變語言，不能再說髒話。我需要堅強的自我意識，方能在這種環境下立足。對於「我是誰」這個問題，答案非常明顯。我清楚我的身分是律師，而且是個知道怎樣在一個競爭激烈、甚至充滿敵意的環境中爭取成就的人。畢業後，挑戰更大，因為在 1964 年公民權利法案頒布之前，禁止性別歧視的法例並不存在，而有關法例要再等十年才被廣泛執行。我能夠堅持下去，是因為我真心相信這是我的召命。

　　在我大部分的職業生涯中，我常常覺得自己雙腳分別踏足於兩個世界。我一方面在一個不近人情的世俗環境下工作，與我共事的人跟我的價值觀截然不同；同時，我積極參與堂區和合一運動的活動，但這些有信仰的人卻對我的專業生涯或所受到的特殊壓力毫不知情。在我踏入四十歲時，我便開始尋索一種方法去整合這兩種生活方式。當時，我的靈修導師建議我學習做「依納爵的神操」，於是我按「日常生活退省」（Retreat in Daily Life，又稱為根據《神操》凡例十九進行的退省）的方式開始。在一連八個月的時間，我每星期見我的靈修導師，並在其指引下，按着依納爵所訂的架構奉行一系列的祈禱操練（當中包括以經文祈禱和書寫靈修札記）。過程中，我學到怎樣做決定和跟着經文去祈禱（本書有兩個篇章詳細介紹這兩種操練）。同時我更加認識自己的召命。我的導師要我用一句話來總結我的神操經驗，我這樣回答說：「現在活着的不再是我，乃是基督在我裏面活着。」（加二 20）

　　一切事也發生在上帝的時間內。在我完成神操幾個月後，我身兼合夥人的律師事務所因兩位主要的合夥人意見不合而解散，結果我被迫「縮減規模」（downsizing，當時我還未認識這個詞彙）。到底我是誰？雖然我已經不再是律師事務所的合夥人，但我仍視自己是一位律師，並且是一個懂得怎樣在競爭激烈的環境中爭取成功的人。於是我學以致用，在整個過程中，讓祈禱引導自己做決定。我決定開設自家的律師事務所。我認為獨自經營的模式可以給我更好的機會去整合我身處的兩個世界。舉例說，我較從前有更多機會接受**義務性質**的工作。其中一項是以較低廉的收費甚至不收分文，充當一個非牟利組織的法律代表，而這做法在我先前的

機構根本是不可能的。於是，我享有一份自由去另創新猷。

這自由也帶來新的挑戰。我需要花大量時間去建立新的客源和管理辦公室，因而犧牲了一些實質賺錢的工作。不是每個客戶都會準時付款，但無論如何我也得應付租金、祕書薪金以及其他必需的辦公室開支。這個情況在今時今日就有所不同，有些大律師公會提供了有關企畫以及其他資源，以協助律師處理這些事務，但在上世紀八十年代就沒有這些支援，讓我不得不自己去摸索。當時我要選擇怎樣分配金錢和時間。這過程教我學會為擁有這些資源而感恩，懂得一切都是從上帝而來的禮物，因此我要帶着愛和服事的精神善加利用。

往後的五年，是我稱之為「曠野的日子」：我成為了美國裁判法院的法官。這是個完全嶄新的經驗。起初我遇到一位資深法官，他教曉了我一個同樣適用於生活和法庭的道理。他説：「對於林林總總的不公義情況，你也許不能夠改變你所見到的。你所能做到的，就是為你面前的每一件案件爭取公義。」如今，這智慧之言似乎也延伸到屬靈生命中：我們可以做的，是活在當下，並在當中尋找上帝的恩典。

在退休後，我再遇到這個問題：「現在我到底是誰？」聖靈開始引導我找到答案。

我有一個鄰居是依納爵平信徒義工團（Ignatian Lay Volunteer Corps，這是當時的名稱）的成員。這組織的成員都是退休人士，他們是按着依納爵靈修（Ignatian spirituality）的精神服事窮人。[1] 我寄出了申請，但想到每年要有十個月的時間、每周做兩天的義工便有所猶豫。當時母親已經九十歲，在康乃狄克州（Connecticut）一所護理院住，我要花許多時間處理她的事情。於是我擱下了申請，留待日後再算。一年半之後，正是家母離世幾星期後，我接到來自紐約的地區統

10

籌人來電，她說她正在整理一些舊資料，想知道我是否仍有興趣申請。我說我有興趣，並要求新的申請資料。但當時我在忙別的事情，又把申請的事宜擱下了。怎料她**再次**致電給我！我嘗試易地而處，便不得不佩服她的勇氣，因為我知道自己沒有勇氣這樣做。現在我明白了，當我沒有回應聖靈的微聲時，聖靈會提高聲量，說得大聲一點！

2000 年九月，我加入了依納爵義工團，獲派到曼克頓東部下城區的卡布里尼移民服務中心（Cabrini Immigrant Services），這個新組織剛需要教授英語的義工。[2] 雖然我並沒有正式的資歷擔任此職，但似乎是合適人選。主管是一位實事求是的女士，她着重義工的人格和承擔多於正式的資歷。我努力鑽研，並得到多位富經驗老師的幫助，於是開始教授中級班英語，大部分學生都是中國人。

我的第一批學生教曉我怎樣做老師。我認識他們的需要，然後設法應付他們這些需要。這批學生也教曉我很多關於終身學習的道理。學習第二種語言的能力在過了童年後便大大下降，成年學生的確需要下許多苦工。在我任教的日子中，有些學生年紀比我大，他們正是年長人士也可以獲取成就的鐵證。

我的故事還未結束。在上帝的恩典下，我這教授英語的服事持續了十六年，然後又花了很長的時間分辨上帝的心意，最後我在八十歲時開始作靈修導師（spiritual director）這門新的事奉。為了接受裝備，我花了三個暑期在克瑞頓大學（Creighton University）屬下的神學研究院上課；在來自世界各地不同宗派的同學中，我是最年長的學生。起初我以為畢業後便會服事與我年紀相若的人，特別是其他的依納爵義工。可是，當我開始實習（在第二年與第三年夏季之間必修的實

習），我的四個受導者竟是二十歲出頭的年青人。這經歷令我想起猶太人一句諺語：人在謀事，上帝在笑。[3] 當時我擔心，這些千禧代的人普遍被視為注意力短暫，也許會有一、兩個中途放棄，害我滿足不到實習的要求。最後令我喜出望外（更是如釋重負）的，是他們堅守承諾，完成了全程九個月的指導，而我亦深深體會到聖靈怎樣同時感動導師和受導者。

當我從依納爵靈修的角度去反省這些經驗，我對年長基督徒的召命這個課題有了全新的看法。

對於我們這些在梵蒂岡第二屆大公會議之前出生的人來說，**召命**的意義非常狹窄：一個人「蒙召」，意思指那個人會成為神父或修女，他們蒙召將一生奉獻給主。今天，我們對於怎樣活出福音，以及怎樣分享這好信息的見解大為擴闊了。聖靈已把生命氣息吹進各式各樣的召命模式，創意無限。一些較為人熟悉的組織，包括耶穌會義工團（Jesuit Volunteer Corps），他們邀請剛畢業的大學生花一年時間住在羣體中，期間從事全時間的義務工作[4]；慈悲女修會（Sisters of Mercy）也有類似的計畫（名為慈悲會協作者，Mercy Associates）[5]；溫立光（Jean Vanier）創立的方舟之家（L'Arche Communities），其義工會花一、兩年的時間與有發展殘障的人士（developmentally disabled）一同生活[6]；而我所屬的依納爵義工團，成員每年由九月到翌年六月，每周有兩天的時間參與服務。許多這類組織都會邀請平信徒參與，在他們人生旅途中撥出某個時段，奉獻自己的時間和恩賜，與同伴一起禱告，並服事有需要的人。

在依納爵義工團的經驗讓我明白，我們這些從全時間受薪工作退下來的人已經進入了人生的一個新階段——我們帶着獨特的恩賜，回應新的召命。雖然不是每一個人都有能力

或機會去做義務工作，但所有人都能夠經歷這個人生階段所獨有的恩典。依納爵靈修，尤其是這本書所討論和反省的某些祈禱方式，可幫助我們迎接這些恩典。

> "
>
> 雖然不是每一個人都有能力或機會去做義務工作，但所有人都能夠經歷這個人生階段所獨有的恩典。依納爵靈修，尤其是這本書所討論和反省的某些祈禱方式，可幫助我們迎接這些恩典。
>
> "

從多方面來看，年長者在靈性上的需要是遭受忽略的。許多堂區都為兒童、年青人和家庭提供不同的活動，但他們並沒有特別照顧長者的需要。長者在教會內唯一的活動，只限於跟會眾一起參與各種聖禮。我在寫這書的過程中訪問了一位女士，她慨歎堂區曾舉行一個關注長者需要的運動，但他們不但得不到屬靈上的支持，反而換來更多的舟車勞頓。本書以下幾章會從屬靈角度探討我們在老化過程中所遇到的過渡問題：退休、空巢、照顧他人和不同形式的失去。

你的故事：此書適合你嗎？

　　美國在 1935 年通過社會保障法（Social Security Act），國會把正常退休年齡定為六十五歲。因為當時的人均壽命比較短，六十五歲已視為**老人**。但今天的情況肯定不同，因為人的壽命比以前長，美國的長者在人口中所佔的比例愈來愈大。我所得到最新的統計數字如下：在 2014 年，六十五歲以上的人約有 4620 萬（佔總人口 14.5%），八十五歲以上的人約有 620 萬，而一百歲或以上的超過 72000 人。[7]然而，我們的社會只注視年青人，遠遠未追得上新的局面。針對長者的電視廣告往往讓人覺得，大部分長者都是這樣打發時間：見醫生，偶爾去打理花草樹木，帶狗兒外出散步，或滔滔不絕地講述他們的戒煙經驗。**我們可不是這樣啊！**

　　這本書是為那些「邁向老年」的人而寫的。不過我不會以年齡去界定「邁向老年」。其實每一個人自誕生那天，已開始踏上這條路。許多人在八、九十歲依然過着積極和有建樹的生活；有些人卻在五十幾歲已覺得自己年華老去。我也不覺得「年長市民」是一個恰當的稱號，這個名詞到處可見，但總蘊含着一種輕視的俯就。我所遇見跟我一樣遇到身分危機的人，涵蓋了不同年齡組別的人士：新退休者（包括自願與非自願的）、正考慮是否要退休的、經歷空巢的父母、因健康危機或失去摯愛而突然意識到死亡威脅的人，以及任何意識到所餘年日少過已渡過的歲月的人。假如你認同以上任何一項，就請你繼續讀下去吧！

　　這本書是為基督徒（不單是天主教徒）而寫的，尤其是那些追求成長，希望透過發掘在人生較後階段的獨特恩典，更加能夠以上帝為中心而活的人。書中的理念是建基於羅耀

拉的聖依納爵（St. Ignatius of Loyola）的《神操》（Spiritual Exercises），以及由此發展出來的豐富屬靈傳統。這個屬靈生命的進路對某些讀者是熟悉的，但對其他人卻是陌生的。以下是依納爵靈修的簡介，希望有助這兩類讀者認識本書所依據的基礎。

依納爵靈修簡介

生於羅耀拉城堡的依納爵（1491-1556）來自西班牙帝國的一個貴族世家，幼承庭訓，準備過宮廷的生活。他曾從戎，年青時躊躇滿志，憧憬其身分所賦予的種種榮華享樂。宗教一直對他無關痛癢，直至三十歲時他在一場戰役中嚴重受傷。在痛苦而漫長的康復期間，他只能閱讀聖人的傳記和一本與基督生平相關的書。他邊讀邊開始對自己的感受作反思：究竟甚麼令他感到平安？甚麼令他枯燥愁煩？這些默想遂引領他進深探究屬靈生命，最後教他找到了自己的身分和召命：作一位屬靈導師，最後更成為耶穌會的創辦人。

依納爵最為人認識的，是其著作《神操》。該書原本的用意是供人在為期三十天的退省環境中經歷密集的祈禱、默想和安靜。對耶穌會士來說，這只是一個慣常的操練。但對於那些未能從日常事務中長時間抽身出來的人，依納爵建議一些彈性的做法，而當中最為人熟悉的，就是「日常生活退省」（也稱為按《神操》凡例十九進行的退省），讓人在一段長時間投入固定的祈禱。依納爵也在《神操》的凡例中建議，當為那些因年紀或其他障礙而未能進行整個退省的人提供一個簡化的版本。[8] 今天，許多靈修導師會以不同的形式應用《神操》的主要原則，例如提供八天的指導退省；堂區提

供的日常生活退省簡化版；網上不同語言和模式的退省，包括完整的神操以及供小組使用的指引。有興趣做完整神操，或想進行退省或堂區活動的讀者，可參考書末〈有關依納爵靈修的資源〉所提供的網上連結。

《神操》的用意是讓人實踐一種體驗，而不是供人閱讀的一本書。依納爵的寫作對象是靈修導師，而不是他們所帶領的人。至於本書，其目的既不是要全面研究依納爵靈修，也不是要帶人走過神操的旅程。本書之目的，是探索《神操》所包含的智慧，讓這智慧更廣泛被應用。

首先，也是最重要的，《神操》的要旨是關乎與耶穌相遇，愛祂並跟隨祂。[9]依納爵給我們的勸勉，是把我們生命中的一切視為走向這個目標的途徑。《神操》開宗明義要求我們作出刻意的選擇：離開對自我的關注，走向以上帝為中心的生活。依納爵就以下主題制訂了一系列的默想操練：關於創造、罪，以及上帝對我們這些罪人無限的慈愛；而最重要的，是默觀耶穌的生平、事奉、受難和死亡。不論在完整的神操或不同的應用中，退省者都會用聖經經文去祈禱，檢視自己對主的回應，然後把要點記下，同時學習分辨來自聖靈的感動以及來自其他來源的衝動。貫串着整個操練的主線，是**在萬事萬物中尋見上帝**。

以上課題在依納爵的時代並非新事。依納爵的貢獻，是把「萬事萬物」的概念從諸如大自然的美麗和人生際遇這些傳統框架延伸出去。依納爵的偉大洞見，就是上帝臨在我們的情感、想像和記憶當中，尤其會在我們內心深處臨在。依納爵靈修着墨最多的，是指導人去認出上帝怎樣透過在我們內心深處微妙的運作去揭示祂自己。

66

首先，也是最重要的，《神操》的
要旨是關乎與耶穌相遇，愛祂並跟
隨祂。依納爵給我們的勸勉，是把
我們生命中的一切視為走向這個目
標的途徑。《神操》開宗明義要求
我們作出刻意的選擇：離開對自我
的關注，走向以上帝為中心的生
活。……貫串着整個操練的主線，
是在萬事萬物中尋見上帝。

99

　　本書的篇章會逐一介紹依納爵在祈禱、做決定和做屬靈
分辨上的教導，並討論這些教導怎樣在年長者人士所遇到的
挑戰中提供指引。本書並不是為了招攬人參與某一個計畫或
祈禱方式而寫的，它只是邀請人在其屬靈旅程上成為同路人
的友伴。無論我們年紀多大，前面還有許多未走的路。**當迎
接上帝仍要給我們的使命！**

祈禱操練：活在當下

有幸活到高齡的人都會有許多回憶，可是無論我們有多好的計畫，也會為將來憂慮。為了迎接上帝此時此刻給我們的恩典，我們需要加深對當下的覺察。

先找一個舒適的地方坐下來。這個地方周圍可以有一些活動，但不要有太多噪音，例如：公園的長凳、在非繁忙時間的戶外咖啡室、商場，甚至屋前的陽台（如果你有幸享有這個設施）。關掉你的電話，放鬆，深呼吸，意識上帝的臨在。

開始留意一下周圍的環境。你坐着的椅子是用甚麼材料造成的？是木造的？還是金屬、混凝土、玻璃、大理石、塑膠所造？留意一下椅子的質地、顏色、形狀和大小。周圍還有甚麼？你周圍的空氣是怎樣的：溫暖、涼快、大風、濕潤？你能聽到甚麼：車聲、人聲、音樂？有氣味和芳香嗎？

接下來你可以留意周遭的人，觀察一下（不需要凝視）他們是獨個兒還是成羣的？是孩子還是成人？他們是往着目標走，還是在溜達？他們的身體語言告訴你甚麼：他們可能要去的地方或他們正感受甚麼？他們是輕鬆還是緊張？

留意你的感受。你舒服嗎？輕鬆嗎？為甚麼？

當你覺得可以結束這個操練，為這經驗感謝上帝。

第二章

我的身分：當下我是誰？

開始時，讓我們問一下自己：

我在做甚麼？

當你在宴會或堂區的聚會遇上你不認識的人，或與陌生人彼此寒暄，以上所問是大部分人會問的第一個問題。在人生不同時間，我們會有不同的答案：**我在唸研究院；我在教書；我在家遙距工作；我剛創業或經營自己的律師事務所。**談話就從這裏展開，當然也或許會終止。在美國社會，人人都接受這樣去打開話匣子，以致在幾乎自動式的一問一答中，我們從來不會反思一下，究竟這問題怎樣界定了自己的身分。可是，這個文化上的假設——**我的工作就等同於我**——當我們年事漸高，這假設會變得愈來愈明顯，甚至令我們感到痛苦。在人生過渡期當中，例如退休、經歷空巢、須承擔照顧他人的責任，以至各種的失去，都會迫使年長人士不再問**我在做甚麼？**反而會問：**我到底是誰？**

當我們不再把自己的身分等同於我怎樣謀生，我們便能夠發現新的途徑作出自我省察和靈性上的成長。

退休

對於許多生活在二十一世紀的美國人來說，尤其是那些從事專業或管理層的人，自我身分往往與工作連在一起。因此當我們退休，即使這是在計畫中，也會帶來震撼。這正是我的經歷。我在中年後期突然變成一個彷似隱形的女人。在大律師公會的活動上，我遇到的律師有時已經記不起我是誰。仍在工作中的朋友已經與我談不上邊。我仍然繼續在堂區和其他宗教組織做義務工作，其餘時間則照顧母親，然而這些角色並未能給我一個身分。

即使美國的退休年齡在向上移動，不論男或女都會有更長的時間處於退休的狀況中。因此，在這人生階段的身分問題不容忽視。

多個研究顯示，女性在退休後比男性活得更久。這可能由於女性一般較長壽，但這只是部分原因。我們都知道，或曾聽聞，有些事業有成的男士在退休後一年內去世。如果他們繼續工作，心臟病或癌症會發作嗎？抑或某些男士因為過去完全投入工作中，以致未能好好適應退休？

在五十年前，這問題大概只發生在男性身上，因為男性是養家者，而女性即使有工作，往往只限於幹一些需勞動力的低薪工作。但當嬰兒潮世代（即在二次大戰後出生率急劇上升浪潮中出生的人）進入成年時，社會正開始為女性提供工作機會。這個年齡層的人包括了第一代的成功專業女性和商界女強人，而她們的數目有增無減。雖然沒有統計數字顯示這個轉變如何影響女性在退休後的壽命，但有一點是明顯不過的：把自我身分與工作掛勾的現象已不再限於男性獨有。

　　退休後第一個星期一，對很多人來説是一個重要和決定性的時刻：再沒有甚麼地方期待你；沒有緊急的電話找你；沒有人倚靠你。對於非自願退休的人來説，這是慘痛的經歷。即使有些人早已安排和選擇好退休的日子，這麼大的轉變也可能帶來震撼。你再找不到工作所提供的生活結構；你再也不屬於某一個社交圈子；而電視、高爾夫球，以及跟孫兒玩樂都不足以替代工作在知識層面所帶來的刺激。很多人感到寂寞，不論這寂寞是否形之於外，有些人更會經歷抑鬱。

　　退休也可能為家人帶來重大的生活改變。不少女士訴説丈夫退休後忽然整天待在家，擾亂了她們的生活。對夫妻二人來説，「當下我是誰？」的問題意味他們要去重新檢視二人的關係，以及考量那一直以來未有宣示出來的假設。

　　還有的是兒孫的問題。你會聽到不少快要退休的人説：「我們會多花一點時間跟孫兒一起！」這有時是快樂的時光，但有時小孩子的父母太急於把**祖父母**視為「保姆」。人情當然難卻，但對很多祖父母來説，問題是：成為保姆，這真是我當下的身分嗎？

　　如果在退休後患上威脅生命的疾病，身分問題會帶來更大的痛苦。

　　約瑟是一個成功企業的行政總裁。他早就為退休作好準備，夫婦二人決定移居紐約市。除了可以多花一點時間享天倫之樂，以及開始他夢寐以求的悠閒旅遊外，他退休後還有兩個目標：學點新事物，並把他所領受的祝福「回饋」他人。他找到一個幫助露宿者過渡的計畫，在那裏得以實現這兩個目標。當他看到接受指導的人完成計畫，他覺得這工作很有意義。他的眼界打開了，讓他體會貧窮人的生活是怎樣

的。同時，他也在學習依納爵靈修的原則並加以實踐。約瑟對於生命的方向感到滿意。可是在這時候他獲確診患上前列腺癌。

約瑟研究了他可以選擇的方案（這是個複雜的過程），最終決定了進行手術。他慶幸這癌症屬早期；他享有醫療保險，又有妻子和家人的支持；他居住的城市設有一流的醫療服務。手術成功後，約瑟便恢復義工服務，但十八個月後癌症復發。

這次他需要接受為期三個月的放射治療，效果很好。約瑟滿懷感恩，特別是想到如果健康一直良好，便不能夠學習體會那些年過六十歲因着身體不同毛病而活在困苦中的人。

一年之後，約瑟身體檢查結果顯示正面。由於癌症指數不算高，腫瘤科醫生建議他作更頻密的檢查，靜觀其變。約瑟在這不明朗的情況下，須重新決定怎樣應變。他所決定的，是他不要被癌病決定他的生命。他也認識一些人（包括一位家人）遭癌病完全壓倒，可是他下定決心不要步這些人的後塵。他相信依納爵靈修可以幫助他在路上找到亮光。

空巢

無論是從事甚麼工作，不少女性都會把自己的身分與一些關係掛勾：我是約翰的妻子、碧蒂的母親或某人的照顧者。這種思維方式背後受一個源遠流長的文化傳統影響。在不久之前的十九世紀，美國很多州份的已婚婦女均不得擁有房產。在 1964 年頒布公民權利法案之前，許多僱主都拒絕僱用有小孩的婦女。擔任教師和航空服務員等職位的婦女一旦被人知道已懷孕，一般人都預期她們會辭職。其實，羅馬天

主教會也多方面促成了這種不公平的分類：在教宗若望保祿二世大大增加獲祝聖聖人的數目和多樣性之前，羅馬日曆中的女性聖人幾乎清一色不是「貞女」就是「殉道者」；似乎除此以外並沒有認可的途徑成為聖人。

雖然以上的態度已有所改變，但不少婦女在成年子女離家時仍會出現身分危機，她們可能會產生強烈的孤單感。假如她們的丈夫仍在工作或已離世，她們若生活在一間偌大的空房子，感覺尤其難受。

羅莎是個單親媽媽，她在中年時收養了一個女孩。正當羅莎從她成功的職業生涯退下來，她感到特別脆弱，她還要面對女兒在這時要離家。再者，她女兒從事的專業集中在美國的另一邊海岸，因此女兒為了發展事業可能要遷到老遠的地方，這過渡對羅莎來說實在殊不簡單。「當下我是誰？」的問題，就是關於怎樣從過去豐盛的生活過渡，填補當下突然出現的空隙。對她而言，祈禱從來未試過如此重要。

照顧他人

隨着人均壽命增加，社會中將有更多八、九十歲的人。這年齡組別的人很可能在老化過程中需要別人的照顧。照顧者的責任往往會落在女兒（或媳婦）或妻子身上，可是這些女兒或媳婦可能已年過六十五歲，而妻子更可能有其自身身體上的限制。這對許多婦女來説是個殘酷的現實。（因為照顧者絕大多數都是女性。）在她們正需要好好照顧自己的時候，卻要擔負起照顧者的艱辛任務。這擔子有時是對體力的負擔：例如一家人的生活必須圍着一位殘疾配偶或父母的需要團團轉，很多時照顧者更需要把人扶起。如果病

患者認知受損，就不能讓他獨處；或是遇到絕症所引起的情緒壓力，照顧者更感到百上加斤。對很多人來說，以下問題油然而生：把我的丈夫（或妻子、父親、母親、兄弟）送到護理院，他／她的生活會好一點嗎？在不少情況中，如果社會能提供一些專業護理服務及其他支援，需要照顧的人其實可以留在家中，可是卻因醫療保障計畫的死板規則而被迫入住院舍。有些時候，這些家庭也實在找不到其他切實可行的辦法，困難也真的不容易解決。如果繼續把所愛的人留在家中，照顧者自己的健康也可能會出現問題。

如果孩子有特殊需要，他們的父母則會遇到另一類的特別挑戰，因為他們有可能比孩子更早離開世界。依利莎白是一間大型非牟利組織的行政總裁，她和丈夫都是勤奮的專業人士，共同育有四名子女，其中一名患有唐氏綜合症。在這位孩子成長的大部分時間，他們都能夠作出適當安排，可以把他留在家中。正值結婚四十周年，依利莎白的丈夫離世，他們就沒法再把孩子留在家裏。於是再過不多日，當時已經七十五歲的依利莎白便從職場退下來，並回到自己原本居住的城市。在這裏，她找到一所離家不遠的院舍給兒子，雖然她每個周末都把這孩子送回家，而孩子的兄弟姊妹平日也有探望他，孩子還是不開心。孩子告訴母親：「這裏不是家，他們並不愛我。」由於孩子的不快樂，內心的掙扎令依利莎白十分痛苦，她很渴望把孩子帶回家，但她知道，對年屆八十歲的人來說，這並不切實可行，一方面是因為她已經沒有能力擔負照顧者的角色，另一方面是想到她離世時，孩子要經歷另一個過渡。

對於從事助人服務的人，人生過渡期又有另一些難處。瑪利蓮在年青時感到上帝呼召她過默觀修道的生活，但她並

沒有跟從。她受訓練成為護士，後來晉升至管理層，身負重任。她後來結了婚，生了三個孩子後轉了做兼職護士。在孩子長大後，她轉回全職工作，也慶幸儲了一筆小積蓄「養老」。怎料丈夫患上絕症，她又辭了職，好去專心照顧丈夫，她形容這是她丈夫一生中「最漫長和難過的日子」。丈夫去世後，她再回去做兼職，可是在這人生新階段卻遭逢嚴重車禍意外。事發時，那位最先把她從車子拉出來的人還以為她已經死去。在漫長和痛苦的康復過程中，她從一個照顧者變成需要得到照顧的人。瑪利蓮身為護士，當她聽到其他病人發出求助的呼喊，她感到非常為難。現在她已經完全康復，在自己的房子獨居。她說：「我終於來到一個地方，可以讓我開始過默觀的生活。」

失去

　　喪偶的人在過渡期面對的痛苦，不足為外人道。如果人剛剛經歷了退休所帶來的茫然，或空巢所帶來的孤寂，或充當照顧者的壓力，然後遭逢喪偶，這確是雪上加霜。對不少女士來說，即時可能擔心財政：我失去了丈夫的收入或僅拿着退休金，夠過活嗎？對男士來說，問題往往是：「誰來照顧我？」無論男女，失去人生伴侶，就像從自己身體割去一部分那樣。

　　愛德華是一個無兒女的鰥夫。幾年前他妻子去世，他痛苦得無法留在他們共同生活的公寓裏，不足五個月便遷到一個退休人士的社區生活。照愛德華的話說，他當時「必須想辦法善用餘生」。愛德華身體健康，能夠獨立生活，直至最近他才停止每周當兩天的義工。但現在他還樂於助人，例如

接載那些再不能駕駛的人，他這樣形容獨居的日子：「我的生活變得更加由信仰主導，更加屬靈。」

有些失去是難以預測的。馬迪蒂是個七十歲的寡婦，她身體健康，住在自己的家，可以開屬於自己的車，也享受社交生活。她曾任職多年的公司贊助了一個退休小組，她尤其樂於在這小組中出任委員。她經常跟那些不能再駕駛的朋友一起去附近的景點遊覽。雖然她天天積極過日子，她的獨子開始關注她年紀漸老，關心她是否適宜獨居。兒子所住的州份距離她很遠，而且甚少探望她。經過多番討論，兒子終於說服了她，請她搬去跟兒子一家一起生活，並答應把家中的地庫改建成她的居所。

當馬迪蒂賣掉房子並遷到兒子住處時，她驚覺真實情況並非如此。計畫中的改裝工程未獲得所須的批文，因此馬迪蒂只好屈就，住在二樓一個小房間。然而這房間實在太小，連她從舊居搬來的電視機也放不下，她只好讓給孫子。兒子一家住在近郊，並無公共交通工具，而她遷來後不久車子壞了，又不知甚麼原因未能修理妥當。當時（上世紀九十年代）智能電話尚未普及，馬迪蒂與不少朋友也自然失去聯絡，她感到完全被孤立，但在她的餘生，她卻從來沒有埋怨或批評兒子。

我們也可能遇到一些似乎正衝擊我們身分核心的事情。隨着年齡增長，我們早晚也會經歷到不同形式的能力衰退。這可能是逐步的衰退過程（就如體力減退，需要拐杖或助聽器），也可能嚴重至失去自理的能力。這些狀況可視為各種各樣與金錢或財產無關的「貧窮」，不同形式的失去可能會帶來孤單感，因為箇中滋味不足為外人道。

在這些情況中，人很容易着眼於失去了甚麼。人很難把寡居或失去駕駛能力視為上帝的召喚，更遑論是來自上帝的一份禮物。然而，在這一切失去和過渡中總有恩典，而依納爵靈修蘊含了豐富的寶藏，幫助我們去經歷主的恩典。

依納爵式的祈禱：省察祈禱

雖然在依納爵十六世紀的詞彙中並沒有**身分危機**這個字眼，但他所發展的祈禱進路，卻十分適合人在面對人生重要轉捩點時，回應當中所產生的自我提問。依納爵把他的屬靈洞見發展成為一些操練，包括教人怎樣用經文作祈禱，怎樣做決定，以及省察每天生活經驗的祈禱方式。這些祈禱方式對正在進入年長階段的人尤其有意義。讓我們首先認識依納爵靈修的核心所在——每天的省察祈禱。

有關依納爵祈禱的討論經常由**省察祈禱**開始，每天就當前屬靈生命的經歷進行省察或回顧。依納爵原先擬定的是良心的省察，其着眼的焦點是罪：

1. 謝恩。
2. 求主賜下恩典，讓我認識己罪。
3. 仔細地回顧一天。
4. 祈求主的寬恕。
5. 立志改過。

對於大部分有恆常祈禱生活的人來說，我們不會從每一天的活動中找到嚴重的罪過，或甚至是認罪的材料。在實踐中，依納爵以上五點不久便延伸至較正面的反省：不單着眼於罪過，而是留意怎樣在恩典中成長。

"

留意怎樣在恩典中成長。

"

　　在這祈禱的發展中，一些現代靈修作者已從 **良心省察**（examination of conscience）這個標籤，轉而使用更能準確表達其正面性的名稱。舉例說，瑪格麗特·席爾芙（Margaret Silf）稱之為「回顧的祈禱」（Review Prayer），[10] 而亞曼·尼哥神父（Armand Nigro, SJ）則稱之為「覺察的操練」（Awareness exercise）。今天最被廣為採用的是佐治·亞申伯納神父（George Aschenbrenner, SJ）所創的用語「**意識省察**」（Examination of Consciousness）。[11] 在本書，我會跟隨現代的主流用語「**省察**」（*examen*），這個西班牙詞語來自拉丁語，意思可指「良心」（conscience）及「意識」（consciousness）。我採用這詞除了為了簡便，這詞也沒有甚麼預設的概念。這祈禱的實際內容，則有待祈禱者在實踐中發現。

　　今天許多靈修導師會建議，在開始做意識省察祈禱前，先留意上帝的臨在，為祈禱作好準備，然後才按照固定的五個步驟進行默想：

1. 謝恩
2. 祈求聖靈光照，讓我覺察上帝在我生命中所做的一切。
3. 回顧一天，不單留意我的罪過和缺失，也注視我何時聽到聖靈的感動，而我又怎樣回應。
4. 就我未有回應主的恩典的地方祈求寬恕。

5. 最後，求主賜下恩典助我改過，並懷着盼望面對明天。

坊間有不少讀物就依納爵省察祈禱的簡單輪廓加以發揮，以期應用在當代不同的文化及不同的具體情況，相關資源可參書末〈有關依納爵靈修的資源〉。以下的綱要闡釋了我怎樣做省察祈禱，讀者可尋找最適合自己的節奏和結構。

臨在

幾乎任何形式的祈禱都始於上帝的臨在。兒時，有人教我們在進入教堂時要這樣祈禱：「耶穌，我尊崇祢，祢臨在於聖體聖事中。」許多祈禱開始時說：「上主，請前來助佑我；主，請快快來幫助我。」省察祈禱也不例外。

我通常這樣開始：「主，請幫助我全然臨在祈禱中。」上帝的臨在只是這關係的其中一部分，我的臨在也是必需的。如果我因焦慮或緊張而在祈禱中分了心；如果在反省前一天發生的事時使我走去發白日夢；或如果我的思緒跑去稍後要做的事，我便不能夠全然臨在祈禱中。

接着我會這樣祈求：「主，請幫助我記得我常常活在祢面前。」我需要時時提醒自己，我不單止在彌撒或進行正式祈禱時才遇見上帝，其實無論我往哪處，無論我在做甚麼、想甚麼，主都在我面前。這個祈禱步驟有時令我想起一個體會到主臨在的具體經歷，例如遇到意想不到的禮遇，或在當日的福音經課中聽到主對我親密說話。如果我沒有這些感動，我便去想像那些容易體會主臨在的其他方式：在新一天的黎明（即使這天又冷又下着雨）；那對在附近建築物屋頂築了巢的哀鴿在早晨的鳴叫（即使在曼克頓中城也聽到雀鳥的歌聲！）；以及，在我生命中遇到的所有善良的人。

謝恩

「主，感謝祢厚賜給我的一切禮物。感謝祢賜我生命、健康、精力和機會。我為一切自以為是理所當然的禮物，以及過去一天的所有祝福感謝祢。」

這是我通常的開始。生命和健康都不是抽象的東西。我從未忘記我年青時結識的早逝朋友，或在晚年時身體出現殘障的人。每一天都是禮物，每一天都不同。我嘗試首先集中注意一、兩件比較深遠的禮物；其中我喜歡的禱告是「感謝主我仍能過活，不用因為要賺錢而工作」；「感謝主我較同齡的許多人健康」；「感謝主賜我每一下心跳和呼吸」。然後我會回顧過去二十四小時，為當天特別的禮物感恩，例如與朋友一起吃午飯，一位學生從中國給我送來的貼心禮物，一個美味的紐約貝果麵包。

有時我未必做詳細的回顧，只是問自己：**我今天最感恩的是甚麼？**這可能是個比較恆常的恩賜，也可能是件我幾乎沒有留意到的小事。我把這些事存在心中，然後向上主獻上謝恩。

求聖靈光照

「主啊，求祢差遣祢聖善的靈引導我。」在祈禱中出現的領悟並非出於我們自己的努力，一切都是主的恩典。這操練的上一步已提醒我們，即使是祈禱的渴望也是上主所賜的，而由此引發的一切亦然。我們無法強求，也並不配得。我們可以做的，是承認在祈禱中的所有領悟都是聖靈的恩賜，並盡可能懷着領受的心態。

有些靈修作者會把這個祈禱放在感恩之前。[12] 這做法是祈求聖靈幫助我們發掘感恩的事。有些日子難以叫人感恩，我們都曾遇過，但有些時候卻充滿着感恩之情，不得不先以謝恩開始祈禱。

回顧一天

這可能是省察祈禱中最需要操練的步驟。我們大抵已經認識到，不管是謝恩或是認出自己的過犯，我們是可以藉此來回顧一天發生的事件。可是，回顧這些事件所帶來的**情緒**，對許多人來說是一個新的進路。也許以下的開始會有所幫助：「主，我在哪裏可以聽到祢的聲音，我又怎樣回應？」

有時候，強烈的情緒會立時湧現：當我收到一位老朋友的兒子來信，告訴我她剛離世時，我深感難過；在距離我目的地四條街之處，計程車司機堅持放下我，我十分憤怒。情緒不由得我們選擇，可是我們卻可以選擇怎樣回應情緒。我可有為我與凱西的友誼感謝上主？我可否寫信慰問她的兒子，並表達我的感恩？我為甚麼對計程車司機那麼生氣？這樁小事有否挑起一些我未有發現或處理的深層憤怒？我想怎樣跟上主訴說這些情緒？我可以聆聽上主向我說的話嗎？

有時我們會在省察祈禱中發現我們回應了主的恩典，令我們驚喜。最近我去觀看歌劇，坐在我旁邊的女士（我只是前一天遇上她，所以我並不太認識她）三次問我正上演的歌劇是否新的製作。當她第二次問我時，我感到驚奇的，是我感到一股憐恤的情感湧上心頭，因為我明白到她老是在重複這問題的原因。以前我可能會感到煩擾。雖然我不能解釋這種恩典，但省察祈禱把上主的恩賜光照出來，我相信這讓我更容易去作出回應。

　　有時上帝會給我們恩典，讓我們看到祂怎樣以我們所意想不到的方式臨在。

　　我所教授的英語班學生每年都不同。有某幾年的學生很好學，殷切期望改善他們的英語水平，好通過公民考試或謀取更好的職業。但有時班中大部分學生都是比較年長的婦女，她們似乎對結交朋友的興趣大於提升她們的英語流暢度。我在省察祈禱中浮起內心挫敗和失望的情緒，然後我明白，原來我所重視的，是我想在教學中得到甚麼，而不是我的學生需要甚麼。對移民羣體來說，社交聯繫是極之重要的。我的學生**其實**滿足了一個需要，只是這需要正正並非是我所要注視的。

　　最近我去了聖地朝聖。這是我期待已久的，因此出發時滿心期待這旅程會帶來的種種恩典。我特別期待行程中會在抹大拉和伯大尼這兩個地方停留，因為我對抹大拉的馬利亞特別感興趣。可是旅程開始時有些事出了亂子，使我的心態未有好好預備往後發生的事。我生病了，被迫放棄了一天半的行程，就正正是參觀抹大拉和伯大尼這兩個地方的行程。我感到十分失望；其實我感到受騙，我就在禱告中向主申訴。當我在耶路撒冷中心聖母院，我站到大十字架前祈禱，主給我的回答清晰不過：**你為甚麼期望我要滿足你的期望？你到底是誰，你可以告訴我你應該在這旅程中得到甚麼恩典嗎？**這一方面是教我學習謙卑的一課，另一方面也教了我學習屬靈分辨。這是朝聖之旅的恩典，回家後，我還需要幾個月的時間去拆開這恩典的功課。

　　以上只是一些例子；當中還有許多方式去反省我們的情緒，但這祈禱步驟不應限於一天出現的強烈情緒。仔細回顧一天，尋索事情表面之下那些隱而未見的部分也同樣重要。

有些受導者會不滿意自己未能在祈禱中（尤其是在省察祈禱中）保持專注，總會「分心走意」。當我問及有甚麼事叫他們分心時，他們通常説是工作壓力或家庭問題。這些在祈禱中浮現的重要事情，其實不是分心；此刻正是上帝要在這些事情上為人施行工作，這些事情應該成為祈禱的題材，或最少應佔祈禱的一部分時間。真正的分心是當我們容許心思遊走去發白日夢，或把注意力放在身體不適上，或在思想周圍或教堂裏的人在做甚麼。在這些情況中，我們可以慢慢把注意力返回祈禱中。但也許我們不要停在那裏。我們可以問自己，當分心出現時我在為甚麼事情祈禱？是否因為我不想面對某個問題而分了心？如果所分心的事牽涉生活中重要的層面，尤其是那些不斷重複引起分心的事情，我們應該要知道這揭示了更內在的情感，這些標記正給我們指示祈禱和做屬靈分辨的材料。

我們只需要耐心地深入探究，即使在最平凡的事，也可以展現主恩典的臨在，上主也可能在當中呼喚我們去回應祂。如果我們稍有操練，就不難發現一個趨勢：有些情感會激發感恩；有些激發痛悔；有些又引導我們深思，為我們帶來改變生命的決定。

懷着盼望面對明天

在省察祈禱的這部分，我會求主「幫助我明天比今天活得更好」，但我祈求上主的恩典不僅僅限於把我所發現的錯失改過。我想成為更好的門徒，更親近耶穌，滿有愛來看一切事物。我們蒙召所迎接的盼望不單是罪得赦免，更是分享基督的生命。無論前面的日子有多少，我們都活在盼望中。

傳統上，省察祈禱是以主禱文作為結束。

祈禱操練：祢說我是誰？

在路加福音中，門徒把人們對耶穌是誰的種種傳說告訴耶穌。有人認為耶穌是復活了的施洗約翰；其他人把耶穌聯想到以利亞或「其他的先知」。耶穌問：「但你們說我是誰？」

放鬆下來，作深呼吸，置身於上主面前。讀路加福音九章 18-20 節，然後把問題翻過來；問耶穌：「**祢說我是誰？**」

建議祈禱經文

依納爵教導的其中一種祈禱方式是用經文去祈禱，下一章會作詳細闡述。以下幾段經文可能對那些在探索「當下我是誰？」的人說話：

- 路九 18-20
- 詩 / 詠十六章
- 便西拉智訓 / 德訓篇三十 21-25
- 賽 / 依六 1-8
- 耶二十九 11-14
- 太 / 瑪六 25-34
- 約 / 若十五 16-17

第三章
做決定

首先我們要問自己：

退休後，我會做甚麼？
我真的需要這麼大的房子嗎？

我們天天都要做抉擇，無論事情大小、輕重緩急，我們總是在做抉擇。不少屬靈作品都在處理不同年紀的人所須作出的道德抉擇，就如處理要怎樣離開罪，並在恩典中成長。過往傳統相當關注年輕的成年人，關注他們很多時須做的決定：選擇過怎樣的「生活方式」，例如：結婚，或是度獨身的修道生活。

至於年屆六十歲或以上人士所面對的決定，例如：因退休、能力衰退，以及要照顧家人而須作的決定，卻不在上述傳統類別之列。那麼，我們可以從哪裏尋求指引呢？我們可以在報章、書局和互聯網中，找到不少相關的自助資料，例如：與退休儲蓄相關、生活指數最低的地方，及至最好的高爾夫球場位於哪兒等資料。可是，以上帝為中心的人需要更具體的指引，指示他們怎樣在仰望基督、愛慕和跟隨基督的前提下，在後半生作出種種決定；並且在萬事萬物中尋見上帝。

在這個人生階段須作出的決定可分為兩大類：關乎「是否」的決定，以及關乎「怎樣」的決定。退休這個決定大概屬於「是否」的決定；而照顧他人和能力衰退所涉及的決定，則可能屬於「怎樣」的決定。依納爵靈修為兩者皆提供了一些指引。

關乎「是否」的決定

對不少人來說，是否退休以及何時退休，是人生一大決定。第一個考慮因素通常是，究竟他們是否有足夠積蓄供退休後的生活，但答案並非表面看來那麼明顯。「究竟多少才算足夠？」──這問題視乎我們對退休後的生活質素有甚麼假設，亦當然會影響退休的時間。此外，近年嚴峻的經濟環境，可能迫使人決定無了期地繼續工作下去。

另一個考慮因素，是當事人預期自己在身體和精神上能夠繼續勝任同一樣的工作時間有多長。對於需要體力勞動的工作，例如要攙扶病人的護士助理，答案可能很明顯。但對於企業的行政人員，這答案就不那麼明顯。這些行政人員即使經過勞累的商務旅程，又要面對令人精神不振的時差，他們還是要全神貫注地參與重要會議。護士助理可能出現慢性的背痛，這就是十分明確的警號。但對很多人而言卻沒有明確的界線。在這些情況下，人往往會否認事實，不肯承認自己的專業技能已不復當年，或大部分時間都因為太疲累而未能享受生活。

另一個課題──「縮減規模」或「簡化生活」也跟退休或退休後生活相關。由於這課題十分重要，並與依納爵的教導有關，我們留待下一章集中討論。

　　與決定是否退休有密切關係的另一個問題是，退休後做甚麼。除非另有具體的說明，否則一些籠統的目標（例如旅遊或與家人共聚等）通常作用不大。大部分人都不會有資源或意願把所有時間花在旅遊上。當你乘坐郵輪遊畢太平洋或踏遍非洲草原後，接着可以做甚麼呢？至於「花時間與家人一起」，就意味着會有更多時間陪伴配偶，擔當孫兒的保姆，抑或分擔照顧家人的責任呢？你是否應該先定好一個明確的計畫，抑或視乎情況才做決定？

　　下文我們會提出一些在決定退休時須考慮的課題。

工作

　　一些退休人士會選擇做兼職，這可能是出於經濟需要，也可能因為工作可以提供生活的框架和社交互動。不同地方提供這類工作的機會不盡相同，但重要的是，我們要有心理準備，這些工作的趣味和意義可能大不如前。

服務或事奉

　　有些人會選擇當義工。不少退休人士樂意把他們的才幹和資源「回饋」社會，幫助他人。其實服務的機會多得很，也能夠符合個人的興趣。我最近在谷歌搜尋「紐約市義工空缺」，就找到一千七百萬個空缺位置。大部分城市的義工空缺的數量都很驚人，也可發現各種不同的義務工作：駕駛救護車、到醫院當義工、幫助鄰舍組織種植花草和打理區內公園、為失明人士朗讀書籍、到醫院或護理院送聖餐、在區內收容所照顧被遺棄的動物、運用現有的商業或專業技能幫助窮人等。某些義務工作必須經過訓練，例如為文憑試考生補

習、協助新移民填寫公民申請表，或在堂區作宗教培育。其他組織的義務工作也需要更多人手，例如需要義工把食物存放在食物儲藏櫃、到露宿者之家派餐，或接聽電話等。

除了興趣，如果義工服務能蘊含某種屬靈向度就更具裨益。我在第一章提過的依納爵義工團，就透過幾百種工作去服務有需要的人：義工團會定期舉行祈禱和信仰分享聚會、帶領退省、提供靈修指導、舉行靈修書籍閱讀和討論會等。此外，無論在堂區、教區或國際層面也有不同形式的屬靈服事。

要找到合適的義務工作，我們首先需要自我反省。我們要問：為甚麼我想當義工？是否只為了消磨時間，抑或因為我對某個使命有所承擔，想要幫助某個羣體？我所考慮的工作有否具備信仰的向度？這服事能否幫助我的靈命成長，抑或會分散我對屬靈生命的注意力？我是否想運用以前工作的技能和知識，抑或我更喜歡全新的工作？我有一位律師朋友，他以前在一所具規模的律師事務所擔當合夥人，工作繁重，退休後立即在一個非牟利機構全職工作，而我在依納爵義工團中認識的不少同工，則選擇善用他們的護士、社工和代人撰寫撥款申請的專業資歷，每星期抽幾天幫助窮人。而我就告訴義工團統籌，**除了**法律工作外，我樂意參與任何一種義務工作——畢竟我已從法律行業退了下來！

創意

有些人會發現他們的創作力在晚年才開花結果。米高安哲羅（Michelangelo）是在八十八歲時雕塑慈悲聖母像（*Rondanini Pietà*），而這作品與放在聖彼得大教堂（St. Peter's Basilica）較廣為人知的同一主題作品相比，處理手法更有深

度，畢竟後者是他在二十四歲時完成的。[13] 也許很少人屬於這類曠世奇才，不過我們仍有許多方法去發掘內在的創作力。我認識一位律師寫了一本充滿智慧的書給孫兒，留待死後送給他們。一位祖母則利用照片、美勞設計和其他媒體製成剪貼簿，記錄孫兒的成長點滴。繪畫似乎是不少政治家在退下火線後的晚年嗜好，包括邱吉爾（Winston Churchill）、艾森豪（Dwight Eisenhower）和喬治布殊（George W. Bush）。我一生都愛攝影，但近年我發現自己運用了新的視鏡去看景物——「帶着照相機去祈禱」。

　　以上種種表達方式都是給我們默觀的好機會。人人都可以敞開心扉，迎接新的想法和恩典，更深入去明瞭自己和我們的屬靈旅程。上帝也許在呼喚我們前行——但有誰會想到這是甚麼？

66

人人都可以敞開心扉，迎接新的想法和恩典，更深入去明瞭自己和我們的屬靈旅程。上帝也許在呼喚我們前行——但有誰會想到這是甚麼？

99

　　要面對以上的種種決定，第一步必須為相關情況的事實搜集足夠資料。對比二十年前，現在我們可以更輕易透過互聯網取得需要的資料，但我們仍要花時間和精神去作評估。接下來的問題，是我們用甚麼準則去做決定。

依納爵式的祈禱：做決定

　　依納爵花了不少篇幅去處理我所謂「是否」的問題。他的教導有很大部分是關於他所謂的「不能改變的抉擇」，例如結婚或度修道生活。不論是當時的、還是今天的年青人，對於需要作人生抉擇的年青人來說，《神操》的確有其適切性。尤其在一些人生的重要事項上，例如要抉擇是否加入耶穌會等，因而需要採用依納爵的做法，實在不足為奇。但對於我們需要就當下處境作較短期決定的人來說，依納爵也就如何作出一些他所謂「可改變的抉擇」（就是並非不能逆轉的抉擇）提供了指引。在這些情況中，**抉擇**是指在好、更好或中性的不同選項中作出選擇，而選擇的準則是在於它們怎樣影響我們的基督徒生活。我們不是在討論怎樣擇善棄惡。[14]

　　依納爵提出，做抉擇有時會出現以下情況：「上帝──我們的主推動、吸引人的意志，致使這虔誠的靈魂不但毫不疑惑，甚至不能懷疑，因此隨着上帝的指示去做。」（《神操》175 條）在這些情況中，我們可以清楚地作出最好的選擇；人的所有感動和情感都朝着這個選擇，其他選項毫不吸引，甚至看來沒有意義。依納爵在這裏並不是在談論一些神祕的經驗，或只限於給聖人的某一種恩寵。畢竟上帝可以憑祂的心意，在任何情況中賜恩給祂揀選的人。在這種強烈感動的情況中，人彷彿被一股強力的氣流捲起，或看見一個照耀明

亮的目標。無論我們用甚麼比喻，其特徵是不容置疑，並通常伴隨了內心的平安。

> 66
>
> 在這些情況中，抉擇是指在好、更好或中性的不同選項中作出選擇，而選擇的準則是在於它們怎樣影響我們的基督徒生活。我們不是在討論怎樣擇善棄惡。
>
> 99

　　在決定何時退休，或是否要賣房子時，我們可能相當清楚自己要作甚麼抉擇，但大多數人所面對的，卻是一堆互相排斥的考慮因素，這些因素須逐一加以考量。在某些情況中，我們需要把焦點放在互相排斥的情感上，而這些強烈的情感甚至阻礙我們作理性的分析。下一章，我會討論依納爵就這些情況的建議。下文我們會深入探討依納爵就所倡議的理性處理方式。[15]

　　我嘗試以現代人的角度概括依納爵的原則：

1. 釐清問題所在。
2. 態度盡量保持中立持平，不要預設你所傾向的結果。

3. 向主祈禱，求主感動你走向主所喜悅的選擇，這選擇同時能夠造就你成為更成熟的基督徒。

4. 羅列出各方案的利弊，然後作理性的考慮。

5. 按照所理解的情理作出決定。

6. 把決定帶到祈禱中，求主「收納和確認」（《神操》183 條）。

雖然以上六個步驟中只有兩項明確提到祈禱，但這不表示在其他程序中不需要祈禱。在探討本章所討論的種種決定時，我們會明白到祈禱在整個過程中至為重要。

1. 釐清問題所在

以下是一個假設的案例：有一對夫婦居住在美國北部的州份，他們通常會跑到佛羅里達州（Florida）或加勒比（Caribbean）過冬，也一直夢想有天可以遷到全年溫暖的地方生活。他們剛剛退休，正考慮應否要搬家。這似乎是一個「是與否」的問題，但當中涉及許多其他問題。這些問題包括：新社區的生活費、公共交通和醫療服務、文化資源以及與人接觸的機會等等，他們都要一一探討這些問題。他們還需要更仔細考量，最優先考慮的因素是甚麼？他們願意在生活方式上作出重大改變嗎？他們的舉動會怎樣影響跟兒孫的關係？他們在這個人生階段期望與其成年子女保持怎樣的關係？簡言之，除了選擇居住在不同氣候的地方，這決定還牽涉到甚麼呢？

雖然這些事情會在第四個步驟中再詳加考慮（列出各方案的利與弊），但我們要清楚的是，在開始考慮前要先祈禱，求上帝光照，好釐清要作出的是一個怎樣的決定。

在釐清問題所在時，能愈具體愈好。有時候，要擬定一道「是與否」的問題並不容易，當中也可能涉及多個選擇，例如以上虛構例子中所「牽連」的問題。曾任克瑞頓大學神學系主任的耶穌會士賀辛神父（Richard Hauser, SJ）建議用以下程序使我們更容易完成整個作決定的過程：第一，把所有可能的選項臚列出來；第二，說明每個選項的利與弊；第三，按其重要程度把不同的方案排序；第四，以列在榜首的選項作為跟着要考慮的問題所在。[16] 我想補充一點，這過程可能出現多於一個的重要課題，因此可能需要重複進行以上程序。但無論怎樣做，釐清問題所在是整個決定過程中最重要的部分，因此值得多花一點時間去反思。

2. 盡量採取不偏不倚的態度（Detachment）

對許多人來說，這可能是最難的一個步驟。在人生後期時，我們所面對的決定可以深深牽動我們的情緒：例如退休意味着要離開一份可能界定了自己身分的工作，或因為需要倚賴他人照顧而只好帶着一生的回憶離開老家。依納爵建議我們以「天秤上的指針」去看自己，意思是在某個選擇上「不加重傾向或不至感情用事」。[17] 在一個充滿着感情的情況中，這取向幾乎是不可能達到的。面對退休或繼續工作，離開或留在老家等等選擇，我們怎能對這些選擇說自己的感受相同？要得答案殊不簡單，但我們還是要盡量把感情放下，然後進行理性的考量。律師界有一個測試，幫助我們評估自己能否持平，就是所謂的「合情理的人所持的標準」。一個合情合理的普通人會怎樣評估有關情況？或者用依納爵的言語，這個人會把天秤上的指針放在哪裏？

因此，第二個步驟的祈禱是求主賜下恩典，讓我能把感情放下，以平靜安穩的心考慮箇中各項理據，然後作出抉擇。

3. 求主感動你的意志

也許你被兩個不同的方向強烈地拉扯。一方面，你可能真的想繼續做你喜歡的工作，但另一方面你又一直期待過一些不用受時間和死線限制、無拘無束的生活。你的配偶可能想繼續工作或早一點退休。也許你在體力和精神上都感到難以勝任你的工作，但又擔心經濟不穩。或許你意識到你已經不能勝任，但你仍想幹下去。

在這些以及多個類似情況中，很難就決定的後果作出理性分析。如果我們只是倚賴着自己的能力，便可能受強烈的情緒所牽動。這時我們正正需要明白和承認我們的一切都要靠賴主。因此，第三個步驟的祈禱是祈求主推動你的意向，叫你能作出一個配合你基督徒生命調子的抉擇，好使你與主的關係日益加深。上帝的確可以感動人的意志，甚至帶領人走向從未想過的抉擇。

4. 權衡每個選擇的利弊

當我們願意放下一己的執着，並祈求主推動我們的意向時，我們便步入正確的心態，能夠分辨和權衡每個選擇的利弊。這個審視過程需要付上不少時間，一些重大的決定所牽涉的事情並不可能只用十五分鐘或只用紙的一面就足以說明。舉例說，某人打算賣房子，就要估算房子可賣多少錢，而為另覓居所而承受的負擔又有多少。此外，還需要取得各方面的準確資料：有關地區房地產市場的情況、物業的狀

況、出售房子能否帶來盈利、能否預測實際遷居所涉及的開支等。如果遷到氣候較暖的地方，可能意味着不能經常與兒孫聚會，然而搬遷可能會為他提供學習新技能的機會，或參與新的義務工作。

在這階段需要慎重考慮的，不單是各項選擇有多少利弊，而且還要顧及這些利弊的輕重。有時好處雖然只有一個，但它可能足以壓倒六、七個壞處，反之亦然。

5. 根據看來最合理的情況作決定

這步驟背後有兩個假設：一、你已按照第二步，真誠地尋求一個不偏不倚的取向；二、你已執行了第四步，就各個選項作出了透徹和縝密的分析。「合情理的人所持之標準來處事」就有機會大派用場。但如果你仍難以作出決定，而時間許可的話，也值得重新檢視一下各個步驟。最後，你得承認在人生中能夠達至百分百肯定的情況少之又少，不能確定的部分就要信靠上帝。

6. 在禱告中把決定呈獻給上帝

最後，祈求上帝「收納和確認」你的決定是很自然的事。[18] 我們怎樣曉得上帝確認這決定呢？依納爵靈修的評論者提出了以下的建議：我們可能找到新的理由支持有關決定；我們對所決定的事有更大的感動；又或者漸漸覺得肯定和新添一份平安。這個最後的步驟可能需要多花一段時間，期間我們可以求主賞賜恩典讓我們活出所作的決定，並在萬事萬物中尋找上帝的足跡。

關乎「怎樣」的決定

在人生後期所面對的決定，往往不能清楚劃分為「是與否」，當中會牽涉許多可能性，而找出這些可能性也不容易。以下是一些例子：

· 怎樣治療疾病。這往往不是簡單直接的事，正如上一章提到約瑟的情況；

· 怎樣照顧殘疾的配偶或父母。當中牽涉的一連串問題包括：是否需要尋求協助，以及在哪裏尋求幫助（找家人抑或尋求收費的專業服務）；怎樣保障自己的健康；家居護理、護理院舍還是善終護理三者哪個比較適合，在哪裏找到有關服務，以及如何支付費用；該怎樣為患者提供情緒上的支援；

· 怎樣面對能力減退的情況，例如何時要停止駕駛或開始獨居；

· 若兒女老是堅持要「幫助」你或教你怎樣做的話，你要怎樣回應；

· 怎樣打發「空餘」時間；以及

· 面對生命餘下不多的日子，該怎樣走餘下的屬靈旅程。

雖然《神操》沒有明確處理這些現代問題，但所蘊藏的智慧卻適用於我們的時代，也同樣適用於其他時代。

依納爵在討論選擇「某一種生活方式」的程序之後，接着提出我們應當「思想怎樣準備自己，好能在上帝想要我們選擇的生活方式上修成全德。」[19] 即使在現代的譯本中，這些嚴謹的措辭的確令人有點生畏。也許對長者來說，我們可採用這個當代版本：「此時此地的我，到底可以怎樣在主的恩典中繼續成長？」

"

此時此地的我，到底可以怎樣在主
的恩典中繼續成長？

"

對依納爵來說，一切事的起點，總是聚焦到耶穌身上，
因為祂取了人的樣式，使我們可以學效祂成為一個完完全全
的人。依納爵一個常為人樂道的逸事，是他勸勉人在用餐時
想像耶穌在餐桌上的儀態，然後「嘗試去模仿祂」。[20] 但不要
將此理解作：「耶穌會怎樣做？」（如果這樣問，背後往往已
預設了答案）依納爵的意思，是提醒我們多去默觀耶穌，凡
事以祂作我們的模範。

在《神操》中，依納爵要求退修者默觀耶穌的生平（由
祂在約旦河受洗，到祂於棕枝主日抵達耶路撒冷），而如何
做決定的原則，是置放在這些默觀的脈絡當中。因此，依納
爵其實已開宗明義，指出我們要怎樣過生活的問題，答案的
始末皆以耶穌自己為依歸。那麼我們可以怎樣效法耶穌呢？
其中一個好方法是以經文（Scripture）去祈禱。

依納爵式的祈禱：用經文去祈禱

研讀聖經當然有益，然而這是有別於用經文去祈禱。研經的重點是在於資料性的知識，例如留意不同經卷的作者是誰、其文化背景，或主要的詮釋理論。這些知識可提供資料讓我們去祈禱，但本身卻不是祈禱。用經文去祈禱，就是把聖經視為生命的道，它是讓我們跟主建立更親密關係的橋樑。在依納爵傳統中，用經文去祈禱的兩個主要方法是**聖言誦讀**（lectio divina，或稱靈閱〔holy reading〕）與想像式祈禱（imaginative prayer）。這兩種不同祈禱方式的效果因人而異，但它們並非截然不同。

一如其名，聖言誦讀的重點是放在經文的**字句**。若我們用上「閱讀」這個字來看這種祈禱方式就最清晰不過了。首先，我們要專注地、反覆慢慢誦讀經文，然後找出特別吸引我們的字或片語，加以細細咀嚼，讓經文留在腦際，並進入心田。我們可以問，**為甚麼這個字或片語此刻會在我內心發出迴響？**這些字句也許給我亮光，令我想起最近一個恩典、我的軟弱或給我壓力的難題。**上帝在向我傳達甚麼？**也許我們只想在這裏休息一下，意識上主臨在活潑的聖言中。然後我們可以問：**我想向上帝說甚麼？**

無論我們得到甚麼啟迪，都可以來到主面前獻上謝恩、懺悔或懇切祈求。

想像式祈禱（或稱福音默觀）的重點是**圖像**。我們會把自己置身在經文敘述的場景中，把當時發生的事形象化。首先，我們會注視這場景中的細節，甚至尋找福音敘述未有提及的細節。舉例說，依納爵想像馬利亞正前往伯利恆。在這旅途中，馬利亞「坐在驢子上，而約瑟和婢女就帶着牛走在

前面」。[21] 無論我們對這福音場景的初步印象是甚麼，也可以讓自己置身其中，運用五官，想像自己看到甚麼、聽到甚麼、嗅到甚麼、嚐到甚麼和觸摸到甚麼。

故事中的人物外表如何？他們是年老，還是年輕的？他們的家人是怎樣的？有孩子嗎？他們是衣着華美，還是衣衫襤褸？就讓自己去看看。

他們在談甚麼？他們在高聲説話、竊竊私語，抑或在靜默中聆聽耶穌的話語？我還聽到其他聲音嗎？馬兒和雀鳥的鳴叫、在叫嚷的孩子、笛子的聲音，以及頸項上掛着鈴子的羊兒所發出的噹噹聲響？就讓自己去傾聽。

我嗅到甚麼氣味：剛從海裏網獲的魚所帶之腥味？加利利海吹來帶着海水味的清風？就讓自己吸入這些氣味。

我可有嚐到法利賽人在西門晚宴上的美酒？還有最後晚餐的酒？就讓自己品嚐一下。

耶穌在觸摸一位痲瘋病人、瞎子嗎？耶穌在觸摸那個正在用珍貴的香膏抹耶穌腳的女人嗎？耶穌也有觸摸我嗎？祂怎樣碰觸我？就讓自己被主碰觸。

當我們的五官有所感應，自然也會讓故事場景觸動我們的情感。我感到自己與某位人物認同嗎：那個蒙主寬恕的罪人？井旁的婦人？抑或人羣中一個懷疑的旁觀者？我對於所見所聞有甚麼感覺？我覺得耶穌怎樣？耶穌在向我説甚麼？讓自己聆聽。我又想向耶穌説甚麼？即管向祂傾訴吧！

初學這種想像式祈禱的人有時會認為，他們對耶穌時代的日常生活認識不足，所以很難投入故事的場景。舉例説，他們想像不到那些跟隨耶穌的人有怎樣的衣飾打扮，又例如馬太收稅的地方是怎樣的，或當馬大向耶穌投訴她需要妹妹幫忙時，她究竟在預備甚麼食物款待耶穌。對於這些疑慮，我有以下回應。

　　首先，這祈禱的重點在於我們自己的感受。假如我認同馬大，或在這事件中認同她的妹妹馬利亞的做法，那麼我真的需要對這故事場景的細節知道得鉅細無遺，像拍電影一樣嗎？當我要獨自一人做飯，而另一個本應幫助我的人卻坐在耶穌腳前時，我的心情會是怎樣？當我正在享受耶穌臨在的恩典時被姐姐的埋怨打擾，我的心情又會是怎樣？我可以跟耶穌分享我的感受嗎？祂會怎樣回應我？就聽祂說吧！

　　對某些人來說，多一點詳細資料，的確有助他們進入這種祈禱，然而我們毋須回到學校去學這些。小說、電影和藝術都是一些有用的資源。

　　較諸聖經註釋或歷史，優秀的歷史小說往往能夠把古代的日常生活描繪得更生動。電影也具有很大的感染力。本書末之〈有關依納爵靈修的資源〉建議了其他可供使用的資料，但相信大部分讀者可以自行找到合適自己的作品。

　　對於那些用圖像去思考多於用語言去思考的人來說，宗教藝術便大派用場。西方中世紀的藝術幾乎單一取材自聖經主題，而文藝復興時代（Renaissance）更有不少歷史中最輝煌的宗教藝術品誕生。至於東方教會，用聖像（icon）祈禱更是他們古老的傳統。盧雲神父（Henri J.M. Nouwen）就花了幾天時間留在聖彼得堡的隱士盧博物館（The Hermitage, St. Petersburg），凝視林布蘭（Rembrandt）的《浪子回頭》（*The Return of the Prodigal Son*）。這畫作一如林布蘭其他的成熟作品，將焦點放在每位主角身上：父親和他兩個兒子。盧雲在畫前停留良久，沉思當中最細微的地方，例如父親擺放手的位置，光與影之間的微妙差別等。當他潛入這些圖像中，便感受到父親的慈愛和兩個兒子各自的矛盾情感。由這個默觀經驗衍生的《浪子回頭》（*The Return of the Prodigal Son: A*

Story of Homecoming）一書，可以說是介紹想像式祈禱的入門佳作。

我們毋須遠赴聖彼得堡或羅馬，或親自走到距離最近的博物館（雖然大部分大城市都有豐富的藝術藏品），不少博物館都會把他們大部分的收藏品放在互聯網，而這些資料庫一般有增無減。某些宗教藝術作品的優質複製品其實較在現場的真品更容易觀賞。我立即想到梵蒂岡西斯汀教堂（Sistine Chapel）天花板上的名畫——那些頸項不太靈活的長者一定明白我的意思。[22]

最後，宗教藝術品其中一個最明顯特徵是，藝術家經常採用當代的風景和服飾。中世紀的藝術家對於耶穌時代的猶大地區所知不多，因此他們所畫的景物都是中世紀的樓台，而女士們穿戴的都是當時歐洲流行的頭飾。就以彼得的岳母被耶穌治癒的故事為例，假如我們將她起來為耶穌做飯的場景，想像成發生在我們的廚房，這並無不妥。也許我們會使用現代的設備去款待一個曾幫助過我們的人；也許是款待一個有需要的人，雖然他沒有給我們甚麼。又或者當我們默觀耶穌被帶到彼拉多面前受審的場景時（路二十三 1-5），我曾想像過這發生在位於紐約的富利廣場（Foley Square），場景是舊聯邦法院的地方裁判法院。彼拉多想把責任推卸給希律，這大概類似現今把一名囚犯由聯邦當局轉到州那邊處理的情況，只是在紐約市，兩者的距離只是相隔一條街道而已。我想像負責押解犯人的聯邦法警會為了避開站在樓梯上的抗議羣眾而繞道前行。我就這樣猜想那些羅馬兵丁怎樣把耶穌押解到希律的官邸。

那些記載耶穌生平事蹟或事奉的敘述的經文都適用作想像式祈禱，例如賢士前來朝拜耶穌，五餅二魚和醫治瞎

子的神蹟。至於聖言誦讀，則適合用於沒有視覺圖像、較抽象的經文，例如保羅的愛篇，以及耶穌在最後講論（Last Discourse）中應許差派聖靈來的一段。其實這兩種祈禱方式並沒有明確的分界線，兩者都可以幫助我們去認識、愛慕和效法耶穌。

祈禱操練：想像耶穌的生平事蹟

在網上搜尋關於「基督降生的畫作」（"Nativity Scene Old Masters"），然後點擊「圖片」（"Images"）。選擇你喜歡的圖畫，並將圖畫放至最大。[23]

首先留意圖畫的光線：光從哪裏來？光在照射着誰？畫中也有黑暗的地方嗎？黑暗中有誰？那裏還有甚麼東西？你在畫的甚麼位置——在光中，還是在黑暗中？

仔細逐一留意畫中每個人物，慢慢看。你可能想先從圖畫的周邊開始看，例如牧羊人。留意每個人臉上的表情：誰人感到驚異？或驚奇？混亂？好奇？歡喜？誰想走近？誰想後退？你能夠認同其中一個牧羊人嗎？你為甚麼在那裏？你看見甚麼？你感覺如何？

留意馬利亞。她像個剛生下孩子的女人嗎？抑或是畫家把她美化了？想像她在一、兩個小時前的樣子。她仍受着生產的痛苦嗎？她現在臉上有甚麼表情呢？對於牧羊人突然來訪，她有甚麼感受？他們有向馬利亞報告在田野的所見所聞嗎？如果有的話，她感到驚奇嗎？你有沒有甚麼想問她的？

約瑟在圖畫中嗎？他年紀有多大？他在敬拜嬰孩耶穌嗎（許多圖畫都是這樣描繪的）？他臉上的神情和身體語言顯示了甚麼？你能夠認同約瑟嗎？對於要在離家老遠的地方照顧一個剛在馬槽出生的嬰孩，你有何感覺？你想要對牧羊人說甚麼？

觀看嬰孩耶穌。祂像一個剛出生的、真實的嬰孩嗎？你想把祂抱起來嗎？你可以請馬利亞讓你抱起嬰孩。你會跟耶穌說甚麼？

你可以用無數的方式去演繹，當然你不一定要選擇耶穌誕生的一幕。

建議祈禱經文

　　如果要列一個經文清單，最大的困難當然是不能把可供選用的經文全都盡錄。選用每天彌撒的福音讀經（The Gospel of the day）應該是個好開始。以下網站（U.S. Conference of Catholic Bishops）提供每天彌撒的經文可供參考：http://www.usccb.org/bible/readings。以下的經文所涉及的情境和教導可能會引起長者的共鳴：

想像式祈禱

- 路二 22-38（西面與亞拿）
- 路七 11-17（耶穌叫寡婦的兒子復活）
- 路十 38-42（馬大與馬利亞）
- 路十五 11-32（浪子的比喻）
- 路十八 18-23（「我該做甚麼才可以承受永生？」）
- 路二十一 1-4（寡婦的小錢）
- 約／若四 1-29（井旁的婦人）

聖言誦讀

- 路六 20-26（耶穌在平原上的寶訓）
- 路十八 18-23（「我該做甚麼才可以承受永生？」）
- 路二十一 1-4（寡婦的小錢）
- 約／若一 1-5 或一 1-14（「太初有道」）
- 約／若十四 1-7, 25-28，十五 1-5, 11-17（主的最後講論）
- 林前／格前十二 4-11（各樣的恩賜）
- 林前／格前十三 1-13（「愛是永不止息。」）
- 林後／格後十二 7-10（在軟弱中的能力）

第四章

在生活上進行縮減

首先，要問自己這兩個問題：

我真正需要的是甚麼？

我最害怕的是甚麼？

不少年長人士都會面對在生活上進行縮減的問題：例如遷到較小的房子，放棄車子，捨棄某些物件等。在老化過程中，當身體和認知上喪失能力，這也成為另一種縮減。也許更準確來說，這是一種與財富、財產無關的「貧窮」。接受別人的幫助已經是另一種特殊的挑戰，更遑論向人求助。此外，長者也會經歷種種恐懼，包括害怕未知的明天，或害怕失去和能力衰退等，為他們的生活更添一層陰影。

在這些情況中，依納爵有關怎樣做決定的指引，以及關於效法耶穌基督的教導都十分合用。可是，這類決定較諸其他決定更需要我們深入反思——究竟我們是誰，我們又抱持甚麼的價值觀。上一章所討論關於作決定的方法比較着重分析，在此可能不太適用。現在我們也許轉去探索一下：上帝怎樣透過我們的情感向我們說話。簡單來說，我們需要一顆懂得明辨的心（a discerning heart）。

"

上帝怎樣透過我們的情感向我們說
話。簡單來說，我們需要一顆懂得
明辨的心。

"

究竟多少才算足夠？

許多長者發現他們不再需要，或再沒有氣力去維護一所
偌大的房子。是否要遷離老家，這決定往往代表生活會出現
重大的改變，而且牽動着情感。究竟要如何執行所作之抉
擇，更是相當複雜的問題，情況不一而足。

有些人會選擇遷到已長大成人的子女那裏。第二章關於
馬迪蒂的故事警惕我們這些決定可能存在的危機。另一些人
可能選擇遷往子女生活的城市定居。這同樣會有危機。我有
一位律師同事決定在退休後遷往其獨生子家庭所在的另一個
州份。結果這位同事和他的妻子一年後就返回紐約的老家，
因為除了兒子的家庭外，他們在那裏一個朋友也沒有，不禁
叫他們緬懷在舊有環境中積極地過着的羣體生活。對許多人
來說，當中還隱藏了（往往也是被忽略的）其他問題，就是
他們在這個人生階段期待與其成年子女有甚麼關係。當被問
到他們的目標和關注時，許多長者都表示希望盡可能保持獨
立。可是，當他們與子女同住，或住在他們附近時，究竟是

有助達成這個目標，還是會造成阻礙呢？而過一種接受協助的生活，是否較為可取的選擇？

居住問題只是可能作出縮減的其中一個範疇。全時間工作時的必需開支，如今可能已變成奢侈品。現在可以用一輛車代替兩輛車；甚或因減少了收入或能力衰退，連一輛車也不需要。

當社會出現人口老化，有關這些實際問題的分析資訊俯拾即是。投資公司美林（Merrill Lynch）不久前就在其網站設了專欄，討論在生活中進行縮減的財務效益。可是縮減不單是一樁財務交易。不論有關改變是由於必要性或考慮到實際情況，它們畢竟涉及對核心價值的考量。來到人生這個階段，在屬靈旅程中的這個階段，究竟真正重要的是甚麼？

來到人生這個階段，在屬靈旅程中的這個階段，究竟真正重要的是甚麼？

上帝沒有呼召每一個人去度福音所述的貧窮生活，即使是在晚年。許多退休人士都擁有個人退休戶口（IRA）或公積金計畫 401(k)，保障可能足夠或不足以應付開支。有些人可

能身家豐厚，但有些人卻捉襟見肘。但大部分人都需要作審慎的預備，確保有足夠生活費養老。我們也許會問：到底需要多少才確保晚年有餘？這裏並沒有一個適用於所有情況的方案。對於沒有家庭的單身人士，或擁有兒孫的夫婦，情況大不相同，但人人都要回答這個問題：究竟多少才算足夠？

依納爵對於財富的教導，正好是個有用的起點：我們「無論想保存或放棄它，唯一的考慮只在於上帝我們的主怎樣感動〔我們的〕意志去做選擇」，我們不應該「渴望或眷戀財富甚於貧窮，尊榮甚於屈辱，長壽甚於短命」。依納爵正是基於這個原則（譯按：即《神操》中的「原則與基礎」），為要維持怎樣規模的家業，以及花多少錢去過怎樣的生活方式等情況，作出了明確的指示。[24]

對於許多美國人來說，依納爵關於不要選擇財富甚於貧窮的教誨，可能難以接受。我們也許覺得辛勞了一生，現在享受收成是理所當然的。但「這是我賺來的」的心態卻不是基督徒當有的；這只是當下文化的一種假設，在此我們需要誠實地祈禱，作出審慎的明辨。

雖然未必人人蒙受大恩，擁抱着依納爵的理想，真正寧願貧窮，但這原則卻有助我們釐清，究竟要度一種平衡的生活時，我們真正需要的是甚麼？對我來說，這意味我需要忍痛決定放棄用車：在工作時，車是一項必需品，但退休後，在紐約開車已成為奢侈品。對其他人來說，這可能意味要從一間獨立屋遷到公寓，或是為了給兒孫饋送禮物而自己省吃儉用，或放下不再需用的財物。我有一位八十多歲的鄰居自豪地告訴我，她和丈夫正在「割捨」窮畢生收藏下來的藝術品，因為他們知道兒女們並沒有興趣承繼這些東西。

無論我們多麼卑微，依納爵也提醒我們需要「供給窮人

和行善」。收入有限的退休人士也許只能作出微小的捐獻，但大部人仍有機會付出自己的時間和才幹去服務他人，這可以成為特別的恩典。對許多人來說，有機會參與義務工作成了他們的新召命。因此，實行了縮減的生活方式有助我們關注社會公義，而其意義不單在於我們給予窮人甚麼，也在於我們蒙召做甚麼。

另一種貧窮

當耶穌復活後在提比哩亞海向門徒顯現，祂向彼得説：

> 我實實在在地告訴你，你年少的時候，自己束上帶子，隨意往來；但年老的時候，你要伸出手來，別人要把你束上，帶你到不願意去的地方。
>
> （約二十一 18）

雖然耶穌這番説話「是指着彼得要怎樣死，榮耀上帝」（約二十一 19），但對許多在衰退中的老人來說，這預示着他們將要經歷能力衰退，失去自理能力。這些轉變可視為與金錢或財富無關的另一種貧窮。

我們的身體早晚都會開始衰退。我們會需要漸進式眼鏡，進行牙周手術、白內障手術、更換膝蓋手術，配戴助聽器。打從中年開始，這些常見的醫療介入措施就彷如一些過渡禮儀，標示着人生要步入下一個階段。它們同時也在發出警示，我們身體的各項零件並未適應在二十一世紀所享有的長壽。我們不得不承認，中年的階段已成過去，伴隨而來的是視覺、聽覺或行動上的衰退，而醫學科技也未必能幫上甚麼忙。

接下來的經歷是恐懼。許多老人最懼怕的是喪失認知能力：失去記憶，表達困難，而最恐怖的是腦退化症。我們常聽人說：「我不想成為別人的負累。」他們的意思其實是：「我最怕的，是有一天我不知道我是誰，也不知道我發生了甚麼事。」已去世的耶穌會士多馬‧克拉克（Thomas Clarke, SJ）把這困境形容為「一種特殊的貧窮」（"our special brand of poverty"）。

以下是我個人的經驗：關節炎使我很難去爬樓梯或從矮座椅中站起來；我現在已經不能夠搭乘紐約市的地下鐵路，或坐在劇院的樓座，我要棄用浴缸而改用淋浴間。我認識一些長者更因為嚴重喪失聽覺或磨人的痛楚而不能參與社交活動。這些失去的確是一種特殊的貧窮──雖然這些經驗有別於物質上的貧窮，但依然是一種貧窮的經驗。這種貧窮尤其孤獨：年青或健壯的人能夠想像因喪失獨立自理能力、記憶和身分而產生出來的恐懼嗎？

嘉思是一位修女，在七十多歲時開始愈來愈難用文字表達自己。她在確診前已經意識到這是初期的腦退化症。於是她努力對抗伴隨這項認知而來的恐懼，決定把這種能力的喪失視為事奉上帝的新召命，讓自己與其他同樣喪失認知能力甚至自我身分的人連結起來。她承諾在她能力許可的有生之年為這些同路人祈禱。我最後一次見她時，她正快要遷往修會羣體的護老院。她的言語表達能力明顯退步了，可是仍散發着平安與喜樂。

瑪利是一位七十多歲的單身長者，她開始記憶力衰退，接下來很多字都記不得。她辭退了全時間的工作，並開始淡出以前喜歡做的事，例如再沒有去聽歌劇，也再沒有參與送聖餐的服事。她的家人就只剩下幾位居住在另一州份的兄弟

姊妹。這些親人勸她從沒有電梯的公寓遷到設有照顧服務的院舍，但她一直都不願意。她知道一旦放棄了獨立自理的生活，便走上不歸之路。瑪利一向都很敬虔，她一直沒有停止禱告，即使再說不出字來。我已經好一段日子沒有跟她聯絡，因為她很難在電話跟人溝通。怎料有一天她來電告知我，她已遷居到一個提供照顧服務設施，而且漂亮的一房單位。這居所離她的兩位姊妹不遠，而叫她喜出望外的，是她可以保留她的貓兒。我不知道她的姊妹最終是怎樣說服了她，但我很清楚，即使瑪利漸漸失去表達感受的能力，她卻在這不情願的晚年光景中找到了恩典。

捨棄物質並不容易，但要捨棄聽覺、行動和獨立自理的能力更不容易，特別是這些身體能力的喪失都不是自己樂於選擇的。在這些情況中，我們沒有一套萬全的方案，恐怕「交託給主」或「活在當下」等陳腔濫調更加壞事。然而，人生走到這一步，正好讓我們承認我們一切都得倚賴上帝。

在最近的聖周四中，我默觀耶穌為門徒洗腳的福音故事（約十三 1-15），深受觸動。當耶穌逐一為門徒洗腳，我想像自己也是其中一位門徒。我第一個反應跟彼得一樣：**不行啊！主啊，請不要洗我的腳；請不要觸碰我；我是個罪人；我這卑微的人怎能承受如此偉大的愛的行動。**後來我跟彼得一樣走過這掙扎，接着我想到，有一天我可能需要倚靠別人，不但需要別人洗「我的腳，連手和頭也要洗」，而且更需要別人幫助我做許多生活上簡單的小事。那時我能夠在服事我的那些人身上見到基督嗎？

在依納爵《神操》的第二周中，其中一個指定操練是默想瑪寶／馬太福音所載的八福。在美國通用的聖經翻譯中，八福開首是「神貧的人是有福的，因為天國是他們的。」

（瑪／太五 3，思高本）。耶路撒冷譯本（the Jerusalem Bible，就是使用英式英語的國家多採用的譯本）的演繹則作「神貧的人在靈裏多麼喜樂啊」（"How happy are the poor in spirit"），此譯本通通採用了「喜樂」一詞而不是「有福」去形容八福。[25]當我們處於物質上的貧窮，或遇上隨着身體或認知能力減退而有的貧窮時，我們真的要視之為**喜樂**嗎？這怎麼可以是一種福氣？在這些經歷中，究竟恩典在哪裏？[26]

我要不斷重申，我們需要仰賴上帝。這其實就是「神貧」一般所指的意思：指那些意識到他們的一切都需要仰賴上帝的人。因此，「天國」的應許不是單單指向將來永恆的賞賜。耶穌這話的意思是，意識到我們需要全然仰賴上帝本身就是一份禮物。無庸置疑，嘉思修女能夠把她的處境視為一個新的召命，就是因為她有這份意識。

有趣的是，依納爵並沒有選用路加版本的四福（路六20-26）。路加的第一福是：「你們貧窮的人有福（得享快樂）了。」這版本可能更直接指那些無論是在物質或身體上每況愈下的人。但無論如何，我們該讓上帝引領，以致能夠更深體會到**全是恩賜**（all is gift）：我們每一下的心跳，吸入的每一口氣，在上帝賜予我們的日子中能夠享受生命和讚美上帝。在我們有生之年，總有值得我們感恩的事。

這聽起來似乎把事情過分簡單化，特別是對那些正受着極大苦痛或備受殘障困擾的人。我不能以個人的經驗去論述這些極端的情況，但我可以放心應用一個相當穩妥的原則，就是無論我們落入甚麼光景，也會得到合適的恩典。當我們處於健康，可能難以想像得到絕症時怎樣應付，而我們也不需要這樣想像，因為我們當下不需要這個恩典。當情況出現時，恩典自然會臨到，只要我們以開放的心去領受。

上帝不會強迫我們去接受恩典；我們甚麼時候都可以選擇把恩典拒諸門外。要知道我們有甚麼選擇，便需要多加留意。以利亞沒有在暴風中，也沒有在地震中或烈火中遇見上帝，但他卻在「微小的聲音」中遇見上帝（王上十九 11-13）。我們需要學習聆聽上帝怎樣以微小的聲音向我們說話，依納爵把這聆聽技巧稱之為「分辨神類」（或譯「辨別諸靈」〔discernment of spirits〕）。（譯注：見本書末〈依納爵靈修辭彙淺釋〉）

依納爵式的祈禱：分辨神類

「分辨神類」不算是一種祈禱方式，但這種覺察有助豐富和加深我們的祈禱，因為這操練幫助我們學習分辨：**究竟甚麼帶我們走近上帝，以及甚麼帶我們遠離上帝？**

> 「分辨神類」不算是一種祈禱方式，但這種覺察有助豐富和加深我們的祈禱，因為這操練幫助我們學習分辨：究竟甚麼帶我們走近上帝，以及甚麼帶我們遠離上帝？

在分辨神類的過程中，我們是以祈禱的心去省察我們的感受，即依納爵所謂內心的「動態」（"motions" of the heart）。我比較喜歡賀辛神父的演繹：**內心的起伏**（fluctuations of the heart），因為這更能夠表達在我們行動背後種種微妙和善變的思想、情感和動力。[27] 對於那些因為能力減損而需要簡化生活，或是需要經歷貧窮的人來說，這時候需要向主祈求的恩典，就很可能是祈求一顆明辨的心。

> 66
>
> 對於那些因為能力減損而需要簡化生活，或是需要經歷貧窮的人來說，這時候需要向主祈求的恩典，就很可能是祈求一顆明辨的心。
>
> 99

在依納爵的自傳中，他憶述了他後來稱為「分辨神類」的第一個經驗。[28] 當時他在戰場中受傷，經過多次進行十六世紀時代的可怕手術，他得長期休養，期間可閱讀的書籍寥寥可數，結果他終日胡思亂想。他一時沉醉在誇張的幻想中，例如：他幻想在康復後可成就的英勇事蹟，因而得到某位高貴女士的垂青。當讀到基督的生平和一些聖人的傳記

（這是當時唯一可供他閱讀的書本），他同樣想入非非。他想像自己怎樣效法聖道明和聖方濟的芳表，刻苦修行。於是他沉醉在這兩種不同的幻想，徘徊良久，後來發現兩者大異其趣。那些世俗思想雖然令他有一時的快感，但後來卻「令他枯乾煩躁」。[29] 但那些仿效聖人的思想卻留下截然不同的餘音：「當他想到這些事情，不但得到神慰，而在放下這些思想後，他仍然感到趣味盎然，心曠神怡。」[30] 於是他開始逐步反思當中的分歧，後來便「認得出在打動他的內心時的差異，認出這分歧源於來自不同的神類（即一個來自魔鬼，另一個來自上帝）。」[31]

今天的讀者可能難以跟依納爵那樣，以擬人法去把這些向善和向惡的內在動力理解為上帝和魔鬼，或稱之為善神和惡神（good and evil spirits）。今天，研究依納爵靈修的學者會採取較為廣義的理解。因此，「惡神」可指任何帶我們離開上帝的內在或外在影響，例如以個人為中心的傾向，或環繞着我們的俗世價值；而「善神」則剛剛相反。下文也會採納這個廣義的用法。[32]

當這些不同的神類在我們的內心帶來牽動，我們會遇到**神慰**（spiritual consolation）及**神枯**（spiritual desolation）的狀態。明瞭神慰、神枯中的感受，並學習怎樣作出回應，正是一顆明辨之心的修為。

神枯狀態的重點，是人感覺到**上帝遠離自己**。依納爵有這樣的描述：「惡神的伎倆是使人陷入磨人的焦慮、憂愁」，並在屬靈成長的路上「設置重重障礙」。[33] 而最壞的情況，是這些內心的動力「使人失去信望愛，令人無精打采、不冷不熱、憂悶，感覺離開了創造主上帝」。

　　神枯有別於抑鬱，雖然二者也有共通之處。抑鬱的徵狀包括陷入憂愁、感到絕望，對人和素常喜歡的活動愈來愈失去興趣。此外，抑鬱者同時會出現一些身體的徵狀，例如無精打采，以及在睡眠規律或胃口方面出現改變。當這些情況持續一段長時間，當事人應尋求治療。雖然人在神枯中也會出現憂愁和負面情緒，但其主要標記是人**失去祈禱的興趣**。[34]

　　要說明神枯的狀況，聖女小德蘭（St. Thérèse of Lisieux）離世前一段日子的經驗是一個好例子。在其自傳中，她形容其靈魂幾個月之久停留在「黑漆一片」中。雖然她嘗試思想永生以獲取神慰，但她見到的只是「更黑暗的黑夜，一切被殲滅的黑夜！」她連「信心的神慰」也嚐不到。寫到這裏，她更害怕再詳述這種失去信心和盼望的狀況有「褻瀆」之嫌。[35] 一位近代傳記學者更認為，「到了 1897 年的隆冬（即她離世前的幾個月），她似乎已經失去對屬靈生命的信心和盼望，甚至走上不歸之路」。[36] 然而，小德蘭仍堅持去愛，甚至在「靈魂的黑夜中」仍寫下：「對我來說，祈禱是心靈向上的跳躍，是不受困擾地把目光投向天上，是從愁苦的深淵和喜樂的高山發出的感激和愛的吶喊。」[37]

　　我們沒有證據顯示小德蘭曾讀過依納爵的著作，不過，小德蘭的經歷正好說明，一個靈魂在絕對無望的情況下依然能夠堅持祈禱，在內心某處仍知道無論黑暗有多深，上帝的恩典總是夠用。

　　神慰卻剛剛相反，包括以下狀況：「信望愛的增長，以及內心的喜悅，叫人嚮往天上的事，專務拯救靈魂，使人享受着在創造主和上帝裏的寧靜與平安。」依納爵勸勉人當存謙卑的心領受這份來自上帝的禮物，並善加利用，以期「養精蓄銳」，好抵擋神枯時的困境。[38]

　　神慰並不等同感覺良好。人在憂愁中也可以獲得神慰。我在進行日常生活退省中，往往有這樣的經驗。神操第三周的主題是默想耶穌的受難和死亡。當我進入這階段的操練時，正值復活節的前幾天。在聖周開始時，我的父親正要入院進行一個小手術，怎料他原來患上肺癌，需要立即進行手術。在受苦節星期五的大清早，我乘坐火車從紐約前往赫德佛（Hartford），滿心憂愁和掛慮地閱讀耶穌受難的故事，我想像自己跟那些婦女一起站在十字架下面。我突然間意識到，**她們並不曉得這故事怎樣完結**。如果她們不知道有復活這回事，她們的困苦一定是非常徹底！這是一個很特別的經歷，教我進入耶穌同伴的心思意念，分擔她們的痛苦。可是，我同時經歷到盼望，因為**我們真的知道這故事會怎樣結束**。這個神慰的禮物堅固了我，使我有力量應付前面的日子。雖然這不是一個歡樂的時刻，但卻是恩典的時刻。

有關縮減生活的屬靈分辨

　　這裏討論的屬靈分辨到底跟做決定，特別是與那些因年事漸高而須作出的決定有甚麼關係？與縮減生活有關的決定往往牽涉到矛盾的情緒，而家人關係中的種種千絲萬縷，更會加劇這些情緒。我們也許努力尋求內心一份平靜安穩，希望藉着上一章所述的分析達到理智的決定。可是，與其把令人震撼的情緒擱在一邊，何不選擇進入這些情緒的深處，以期找到「一份徹底的清明和知識基礎」去幫助我們作決定。[39]為了避免作出倉卒的決定，或造成自欺的局面，我們需要作出明辨，分辨出內心的起伏情感究竟是來自那惡者還是來自上帝。

依納爵用了三個比喻，說明那惡者怎樣誘使人離開上帝。[40] 第一，那惡者要把我們變成「寵壞的孩子」，誘惑我們把焦點放在不如意境況中的每一個細節上，在那裏鑽牛角尖，以致忽視了主在當中所賜予的恩典。我曾在一次退省中遇見這惡者：我覺得牀鋪不舒服；房間冷冰冰；淋浴花灑是壞的；早餐吃得不飽。當我全神貫注在這些惱人的事上，怎能祈禱呢？——直至我明白這是怎麼一回事：魔鬼當然不想我去祈禱！我們不難想像，同樣的運作會發生在一個剛退休的人身上。對於新的轉變，當事人可能會為許多事抱怨。當人愈專注於失望和不稱心的事上，便愈難敞開心扉去迎接新環境帶來的恩典。

第二，依納爵把那惡者比喻為一個「假情假意的情人」，其伎倆是把真相隱瞞，誘使人離開上帝。如果某人以為一個小過失微不足道，不需要為此認罪，那惡者正正可能在這裏使人從山坡滑下去，使人從無關宏旨的境地步向致命的險境。另一個更難覺察的情況，是當人決定要跟靈修導師談甚麼，那些不願碰觸的課題往往正是最值得注意的事。另一個更隱晦的層面，就是我們會有一種衝動，想在祈禱中逃避某些課題。我們很容易會以種種藉口搪塞過去（例如說沒有時間，或搬出更重要的事，企圖把自己的行為合理化），其實是在逃避憤怒或反感等情緒。省察祈禱的一個主要部分，是叫人聚焦於屬靈旅程中須成長的地方，而這難免要正視我們裏面一些根深柢固的缺點，以及那些我們不願承認的部分。

在我的祈禱中，有一段時間我常常想起一個我很信任但曾深深傷害我的人，我實在很難寬恕這人。在事情剛發生後的一段時間，我把心中的厭惡和憤怒情緒帶到祈禱中。這事

佔據了我每天的省察祈禱，以致當天發生的其他重要事情我只是輕輕帶過。面對這情況，我試圖嘗試壓抑，不去想這件事，希望把它完全置諸腦後。可是，我的感受當然不但沒有消失，反而在裏頭繼續發酵。有一段長時間，我祈求上主賜下恩典，使我能夠寬恕這人，而不是去忘記所發生的事。最終，我能夠不再流連在厭煩和受傷當中。這次的祈禱經驗讓我明白，認識到我有責任去寬恕，跟從心底發出寬恕，兩者是截然不同的事。

對於步入晚年的人來說，他們往往會面對一些需要寬恕的痛苦往事，當中可能牽涉長久以來家人之間的爭執和積怨。想逃避不去想這些事是很自然的。可是，當我們願意把這些不自覺地壓抑的情感冒起頭來，便能夠把那惡者想我們掩蔽不看的事曝光。要把憤怒的情緒帶到祈禱中，對某些人來說並不容易；因為這與我們孩童時被教導「應該」怎樣去祈禱背道而馳。可是，要承認一個不好的感受的確存在，並不等同我們接受它，更不等同容讓它主導我們的行為。當我們愈明瞭自己裏面的負面動力，我們就愈能夠向主祈求恩典去對付它們，並在恩典臨到時欣然接納。

魔鬼另一個誘使我們把真相隱藏起來的伎倆，是在我們需要幫助時拒絕受助。我們可能會以需要保持私隱為藉口，婉拒家人或鄰人的協助。但此舉可能意味了我們其實在否認真相。我母親在六十多歲時耳朵開始不靈光，但到了九十一歲快離世時她仍堅持自己「未準備好」要配戴助聽器。小至諱疾忌醫，大至隱瞞自己衣食不足，都同樣反映這種不肯面對真相的消極態度。

第三，依納爵把魔鬼比喻作一個將領，專門攻擊我們防守最弱的地方。當人面對着無論是物質或其他形式的貧窮，

恐懼油然而生。我無意淡化這些恐懼背後的實際情況，但它們也會成為依納爵所謂之容易被攻擊的破口。簡單來說，魔鬼會誇大每一項焦慮，企圖令人受恐懼轄制。當我們認出這些動力，便能夠敞開心扉，以信心面對困境。

依納爵也提醒我們，撒但有時會「喬裝光明天使」。[41] 依納爵在這方面有一個親身的經歷：在他進修時，曾遇到許多活潑的屬靈異象。但當他明白必須專心學習以回應上主給他的召命，便逐漸分辨出那些使他在學習中分心的屬靈洞見其實是誘惑。我也有一個比較平凡的經驗，就是在寫這書的過程中，不時在祈禱中遭各樣精彩的思想打擾。

在任何年齡和任何處境，人都可能會經驗到神枯，因此，當我們在做重大決定的關頭時，遇上神枯實在不足為奇。依納爵提醒人，要慎防在神枯狀態中作出重大的改變。他建議此時最佳的對策，是勤加禱告和默想，忍耐並堅信神枯將要過去，而上主的恩典必定夠用。當人處於神枯時，靈修導師的指導（見下文）也會有所幫助。[42]

另一方面，當人處於神慰，首要的回應是為這恩典感謝主。隨着年紀漸老，很多人也會對個人的內在旅程漸感興趣。這份興趣不單意味了有更多的禱告，或不再那麼懼怕死亡，而是更深體會到一切皆是上主的恩賜，並且愈來愈能夠在萬事萬物中看見上帝。

在處於非自願的貧窮時之屬靈分辨

分辨神類可視為一個途徑，幫助我們作以上帝為中心的明智決定。可是，許多人在老化過程中所經驗的貧窮都不是出於自願的。失去聽覺或因患病而體力日衰等情況，都不是

出於我們的決定。究竟善神和惡神怎樣跟我們當下的生活拉上關係？

　　無論處境怎樣限制了我們，我們仍然能夠有所選擇。雖然痛苦不是我們選擇的，可是我們可以選擇怎樣面對痛苦。這當然說易行難，但這正好說明我們有需要明瞭上帝怎樣透過我們的情感說話。在學習屬靈分辨的過程中，我們會越發認識內心的起伏，並更深體會我們跟上帝的關係就是人生的目標。

　　當我們求上帝賜予一顆明辨的心，以下兩件事可以給我們很大的實際效益：寫下靈修札記和定期約見靈修導師。

靈修札記

　　靈修札記是一個持恆的記錄，記下個人的屬靈經驗、明悟、神慰與神枯。這些經驗應趁着記憶猶新時盡快記下來，否則其重要程度會被淡忘。在省察祈禱結束時可能是寫札記的好時機。札記可以各適其適，例如有人喜歡寫得詳細，篇幅也較長；有些人則喜歡用一些要字或扼要的短語；或者使用圖表或繪畫。把某天靈修中很有領受的經文記下來，也可以加深印象；有時則需要把經驗詳加描述，讓自己更全面了解箇中情況。

　　持恆地寫靈修札記，為的是藉此觀察自己屬靈生命在某一段時期的模式，特別在當前要作出決定時，札記會逐漸揭示與決定相關的利與弊。正如上文所提過，把神慰的經驗記下來十分重要，因為在神枯或靈性陷入低潮時可重溫這些美好經驗。如果寫靈修札記時能加上靈修指導，則助益更大。

靈修指導

靈修導師可以是神職人員或平信徒，他們都經過訓練去幫助人跟上帝發展更深切的關係。**靈修指導**（spiritual direction）一詞或有誤導之嫌，因為在靈修導師與受導者的關係間，其實很少涉及指導或給予指示的成分。更準確來說，這是一種「屬靈同伴的關係」（companionship）。這關係的基礎，是聖靈臨在他們中間，讓導師以輔助者或師傅的角色去幫助受導者更深體會上帝的臨在，並給予愛的回應。靈修導師的職責，是帶着專注、體諒和同理心去聆聽受導者；我個人比較喜歡稱之為「用心的聆聽」。[43]

靈修指導與輔導其實大相逕庭。輔導員的職責是提供實際的意見，助人「解決」問題。相反，靈修導師的角色是啟發受導者的屬靈經驗，其目的不是告訴人該做甚麼，而是助人更深地覺察上帝，以及自己對這份覺察的回應。當我最初擔任靈修導師時，這角色的確是一個挑戰：遇到受導者處於幽暗，我的即時反應便會講述上帝怎樣無條件地愛她，以及上帝的種種恩典怎樣環繞她。可是受導者需要自己發現這些真理，而這是按照上帝的時間發生的。我的角色是**陪伴者**，並常常謹記，聖靈才是真正的靈修導師。

在梵蒂岡第二屆大公會議舉行之前，只有神父和修道人才有機會接受靈修指導，這是修道生涯中培育過程的一部分。到了今天，靈修指導已不是修道人的專利，有愈來愈多平信徒發現這是一個寶貴的屬靈資源，並且明白到屬靈旅程是受導者自己的個人旅程，而當事人最終要為自己與上帝建立親密的關係負責。對於邁向老年的人來說，靈修指導尤其有助他們分辨上帝怎樣召喚他們渡過這個人生階段，並展望另一個愈來愈臨近的領域。

靈修導師與受導者通常每月見面一次，而每次的交談為時四十五分鐘至一小時，然而見面的頻密程度和會面時間的長短並無規定模式。至於靈修指導所要求的，只是受導者誠心渴望與上帝建立更親密的關係，並願意承諾恆常禱告。

每次屬靈指導的談話內容，則視乎受導者的情況而定，但交談的內容應限於屬靈的話題；有時友善的閒談可能是出於防衛，其實是為了逃避某個難題。靈修導師通常希望聽到受導者自上次會面後靈命中的重要經驗。期間可能會發生一件震撼的事，或出現重複的主題，甚至找不到任何模式。如果受導者有恆常寫靈修札記的習慣，他可以在面見導師前重溫一遍，這樣他就可以預備好自己抱持祈禱的心會面，但這並非規定的動作。導師的職責，是幫助前來的人分辨其神慰和神枯的經驗，同時建議受導者進行某些方式的祈禱，或用一些經文作默想。受導者可自行決定要否依循導師的建議，而一位優秀的導師也不會查問受導者有否照着做。

總的來說，靈修導師和受導者雙方面都應該在交談過程和日常生活中，專心留意聖靈的臨在。

尋求靈修指導的人最常見的第一個問題，是怎樣去找靈修導師。答案會視乎不同因素而異，例如受導者住在哪裏。靈修導師這個行業並沒有既定的標準，任何人也可以開業提供這項服務。他們不必像心理醫生、律師及髮型師那樣須獲得牌照才能執業。靈修導師所受的訓練各有不同，有些可能在耶穌會開辦的大學完成神學或教牧學碩士課程；有些可能修畢具大學程度的屬靈指導證書課程；也有些可能接受過由某一教區、退修中心或其他機構所提供的非正式訓練。

如果受導者想物色一位受過依納爵靈修訓練的導師，可以聯絡一些有提供屬靈指導訓練的耶穌會大學，通過介紹

找到他們的畢業生。設有這方面完備課程的機構包括美國內布拉斯加州奧馬哈市（Omaha, Nebraska）的克瑞頓大學，紐約市的福特漢姆大學（Fordham University），以及麻省栗子山（Chestnut Hill, Massachusetts）的波士頓大學（Boston College）。他們的畢業生遍布世界各地。這些課程訓練了不少平信徒，因此提供了一大批人才，可供人容易找到合適的配對。舉例說，一位爺爺可能覺得找一位已婚的執事比較適合，而不少女士覺得由女性平信徒或修女擔任她的導師會較神父合適。

還有其他的資源，受導者可以找任教於耶穌會中學的教師或在堂區服事的耶穌會人員，由他們提供轉介。雖然不是每一位耶穌會神父都提供屬靈指導，但他們都與提供這服務的導師稔熟。

退修中心也可以是另一個渠道。由於夏季有較多人前來退修，中心往往會在這段時間增添全職人手，因此可給人推薦靈修導師。可是，在接洽退修中心前，最好先了解一下有關退修中心的長駐職員背景。某些退修中心只提供地方作個人安靜獨處和祈禱之用，但未必有提供受過訓練或裝備的屬靈導師。比較妥當的做法是選擇一個你曾在那裏退修的地方。

堂區或教會的神父或牧者也可能可以提供幫助。他們通常具備豐富的輔導經驗，幫助人應付需要即時支援的棘手問題。但這些神職人員鮮能抽時間提供屬靈指導，而他們也未必認識很多具備資格的屬靈導師。如果你熟悉自己的牧者，也值得一試找他們幫忙。

最後一個資源，是上網搜尋，這方法可以說是一個起點。耶穌會轄下的馬利蘭州（Maryland）和美國東北部教省有

一個依納爵靈修辦事處（The Office of Ignatian Spirituality），最近開設了網上的資料庫。[44]另一個資源是國際靈修導師協會（Spiritual Directors International），這組織提供了一個靈修導師名冊，但要留意這名冊上的成員來自不同宗派，而它對靈修導師的定義比較廣泛，因此須仔細審閱個別導師的履歷和訓練。[45]

導師跟受導者的配對至為重要。在談到內心最深切渴望等類的私人課題，雙方必須互信。即使雙方都懷着善意，但導師偶然也會給人一種太抽離的印象，而有時受導者所關注的事可能需要接受輔導多過需要屬靈指導。有時由於雙方的時間未能配合，以致很難定期見面。在較小社交圈子裏，導師有可能熟悉受導者的親友，因而在保密方面構成壓力。在這些情況中，雙方都需要憑直覺衡量當中涉及的因素。

屬靈指導開始時的第一步，是讓雙方彼此認識，毋須有任何前設。一如其他場合，大家可以提出一些破冰話題，如：「你做甚麼工作？」「你住在哪裏？」但往後便需要進行坦誠的交談，包括由導師交代一下自己的履歷，以及受導者對前來接受指導有甚麼期望，想要得到甚麼。尋求屬靈指導的人可能需要向導師提出以下問題：

- **你在哪裏接受屬靈指導的訓練？**

  某些優秀導師所接受的訓練可能承襲本篤或方濟的靈修傳統，但對一個心儀依納爵傳統的人就未必適合。相反，正如我的一位老師指出，不是每一位耶穌會士都是稱職的靈修導師。導師自己應該願意介紹一下自己的背景和經驗。如果導師自己不願意或有所迴避，也許準備接受指導的人就應該另覓高明。

- **你曾見過我這個年紀的受導者嗎？**

  有些導師大部分時間是指導修會的初學生，因此未必適合指導一個有兒孫和遇上經濟困難的平信徒。但受導者毋須單憑年齡因素而否決某一位導師人選。我曾接見一位年輕受導者（我的年齡跟他母親相若），而他多年來成為我蒙恩的管子。

- **你在哪裏接見你的受導者？**

  一個不受打擾的安靜環境是必須的。堂區、教會和退修場所通常設有合適的會議室或會客室；平信徒導師可能有自己的辦公室。公眾場所或任何一方的住所則應避免。

- **你有甚麼時間可安排會面？**

  某些導師會劃定某些日子提供指導；有正職者則只能提供晚上的時間；當然有些導師的時間則極之有彈性。

- **你的服務設收費嗎？**

  如果神職人員（例如神父、修女或牧師）收取費用，受導者有時會覺得奇怪，但其實修會也需要從其成員賺取收入去維持經費。至於平信徒導師，其服務的運作模式也跟其他助人行業（例如治療師或輔導員）無異，設有固定的收費。但也有不少導師（包括神職人員或平信徒）是分文不收的。在這些情況中，受導者可考慮給導師所屬修會或其支持的慈善機構作出饋贈（例如在聖誕節）。最後，也是最重要的，受導者要問：**我可以對你有甚麼期望？而你對我又有甚麼期望？**

屬靈導師也同樣會提出問題。準受導者應作好準備，介紹一下自己的獨特屬靈背景。導師一般會問以下問題：

· 你以前接受過屬靈指導嗎？
· 甚麼驅使你此刻前來接受指導？
· 你通常怎樣祈禱？
· 上帝於你有何意義？
· 我可以對你有甚麼期望？而你對我又有甚麼期望？

初次認識的會面後，有時雙方會交換聯絡資料，並約定第一次正式會談的時間。但導師通常會將決定權交由受導者來電或以電郵作進一步聯絡。假如其中一方決定不繼續下去，這做法便可避免尷尬情況的發生，而同時把主要責任歸屬受導者一方。

祈禱操練：屬靈分辨

選擇一段時間（可以是過去一周或一個月，或自某一重大事件發生後的一段時間），然後就以下問題作出反省：

- 你在哪裏遇到那惡者？
- 有小事令你煩擾嗎？你對這些事有否埋怨？這些事怎樣影響你的人際關係？又怎樣影響你的祈禱？
- 有沒有甚麼課題你不想跟人談論？你可以跟上帝談這些事嗎？你的情緒中有重門深鎖的區域嗎？你可以請耶穌把門打開嗎？
- 你有甚麼事情需要別人幫助？你可以承認嗎？你能尋求協助嗎？如果不能向人求助，你可以請求耶穌幫助嗎？
- 你能否明確說出你正恐懼甚麼嗎？你會向耶穌訴說這些恐懼嗎？
- 你在哪裏遇見聖靈？
- 你能安靜下來，聆聽這「微小呼聲」嗎？
- 你甚麼時間覺察到聖靈的臨在，你怎樣回應？
- 有甚麼阻礙你向聖靈完全開放？

建議祈禱經文

在生活上作出縮減

- 太／瑪六 25-34；路十二 22-34（倚靠上帝）
- 太／瑪二十五 14-30；路十九 12-26（銀子的比喻）
- 可／谷十二 41-44；路二十一 1-4（寡婦的小錢）
- 可／谷十 17-31；路十八 18-30（「我該做甚麼事才可以承受永生？」）

神貧

- 太／瑪五 1-12（八福）

屬靈分辨

- 帖前／得前五 15-22
- 王上／列上三 9-12
- 詩／詠七十七 1-9（處於神枯的心靈）
- 詩／詠四十二 1-11（處於神枯的心靈裏記念主的恩惠）
- 詩／詠三十四 1-8（神慰的經驗）
- 詩／詠一百三十一篇（平靜安穩的心靈）

第五章

當迎接上帝仍要給我的使命

　　總有一天，我們看見前面的路，是遠遠短過已走過的路。為此，我們可以黯然神傷，或者，即使在此光景中，我們仍然可以品嚐一下環繞着我們的豐盛恩典。

另一階段的旅程

　　古往今來，人生常被喻作一個旅程。遠至但丁（Dante），其著作《神曲》（*Divine Comedy*）就有這樣的開場白：

> 走到人生旅程的半途，我發現自己
> 正身處黑漆的森林，迷了路。

　　許多作家和思想家也跟但丁一樣，把中年視為危機、轉變和自我發現的一個時機。坊間有不少以中年危機為題材的流行讀物，而心理學家和其他專家也就此發表專文和報告。連西塞羅（Cicero）在公元前發表的經典著作《論老年》（*De Senectute*〔*On Old Age*〕），最近也以現代的演繹方式重新出版，書名為《人生下半場的古老智慧》（*Ancient Wisdom for the Second Half of Life*）。澳洲著名神學家奧哥連（Gerald

O'Collins）更創造了**人生第二旅程**（the second journey）這個詞語去描述這個人生階段，此詞語現已家喻戶曉。奧哥連引述了依納爵、加爾各答的德蘭修女、潘霍華和以馬忤斯路上兩個門徒的故事，說明中年出現的人生方向突然轉變，往往帶來深遠的屬靈成長。[46]

如果採用旅程的比喻，其實不一定把它分成兩個部分。莎士比亞雖然把人生分為七個階段，可是他不覺得哪一個階段足堪記取。奧哥連指出，來到人生的終結，我們是過渡到「最後的一程」。無論怎樣畫分，當中的界線往往並不明確。談到屬靈旅程，當事人往往繞過許多彎路和錯路，有時甚至覺得老是困在迴旋處。假若我們已過渡了中年，但又未踏進莎士比亞所形容的「返老還童，只剩下失憶」的地步，其實我們正邁向旅程的另一階段。我邀請你在回顧走過的路並展望前路時，考量一下當中潛藏的恩典。[47]

回首來時路

無論活到多少歲或過去怎樣，我們總有些「未了結的事」。這可以是依然令我們傷感的失意事：不育的夫婦；事業失意、風光不再的經理。正如羅拔・費斯（Robert Frost）在《沒有選上的路》（*The Road Not Taken*）一詩所描寫的，今天我們成熟了，便有智慧看到過往錯失的機會。往日的傷痛和怨懟仍然煎熬着我們。

我們無法改變過去，但可以從中發掘屬靈智慧。我建議活用省察祈禱，由回顧一天改為回顧一段較長的時間，讓回憶引領我們去尋覓主的恩典。以退省的方式進行這個回顧最為合適，但也可騰出一段不受打擾的安靜時間作此回顧祈禱。

　　首先，祈求聖靈帶領你，選擇某一段時間作為回顧的焦點。你可能想從最近某個重要的人生轉捩點開始，或回到更前的日子。時間的長短不是問題，只要你覺得合適便可以。我通常會在新年元旦那天做回顧，檢視剛過去一年的日子。

　　接下來你可以留意自己的感受和回憶。每個人的生命故事會掀起不同的問題，以下是一些例子：

- 在這期間發生的事件中，有甚麼是我最感恩的？
- 我可曾向有關人等表達謝意？我有感謝上帝嗎？我現在可以謝恩嗎？**有時那些把恩典傳遞給我們的人已經不在，但當我們為此感謝上帝時，心中仍可以懷念他們。**
- 當我回望，浮起了甚麼強烈的情緒？
- 甚麼帶來喜悅、憤怒、失望？
- 這些情緒是來自某個行動、事件，抑或來自當時我抱持的態度或心境？
- 哪些情緒帶我走近上帝？哪些帶我遠離上帝？
- 當我記起這些情感時，它們是否帶我覺察到此刻臨在的上帝？
- 過去重門深鎖了的情緒，我現在可以打開門讓它們出來嗎？
- 今天的智慧怎樣給我亮光，好讓我更明瞭過去發生的事？

在回答以上的問題時，自然又會帶出以下問題：

- 在甚麼事上我需要獲得寬恕？
- 我需要向誰（包括已故的和在生的人）尋求寬恕？

- 為着過去的傷痕（無論大小），有甚麼人是我需要寬恕的？
- 為着我錯過的機會、過失或執着不放的負面感受，我能夠寬恕自己嗎？
- 上帝寬恕了我嗎？
- 我有祈求上帝的寬恕嗎？

最後，祈求上帝給你恩典，能夠懷着盼望前行。

展望前路

在邁向晚年的過程中，我們要面對財務規畫、物業規畫、醫療授權，以及涉及人生終結以至超越生死的事情等。這些事情不易處理；有些人卻單單因為害怕接觸死亡而拖延行動。上兩章關於依納爵就做決定和屬靈分辨所提供的指引，也許在這裏仍然適用。我建議可就以下事宜祈禱：

- 委任醫療授權人或寫下預設醫療指示，這可以免除親人臨時被要求作出困難決定的痛苦。
- 至於沒有近親的人，也需要有人在他們失去自行作出決定的能力時為他們作主。可以找一個認識你，並在臨終護理事宜與你價值相類的朋友。如果此人願意受委託成為你的醫療授權人，這安排較諸交由醫生和護士去為你作決定比較可取，你將來所獲得的護理會更加符合你的價值和意願。
- 預早籌畫喪禮及安葬可節省金錢，同時也減少在生者因為需要在短時間內作出決定和籌辦後事而帶來的壓力。

· 經過深思熟慮的遺產策畫可減少兒孫間出現爭執或不和，特別是在大家庭，或包含了不同婚生子女的家庭，或兒孫中有特殊需要者等情況。

· 即使資產不多的人也應該訂立遺囑，特別是沒有直繫親屬的人士。我有一位當心理學家的朋友，她的工作是幫助有發展障礙的成年人。她堅持不立遺囑，因為她認為「自己沒有甚麼遺產」，後來她的大部分積蓄都花在治療長期病患上，去世時銀行剩下的幾千元按規例歸給了紐約州政府。雖然這數目不大，但如果這筆錢花在她畢生致力服務的人身上，也許能發揮更大的效用。

屬靈遺產又怎樣？我們所愛的人、朋友及我們在不知不覺間碰觸到的人可有透過我們而經驗到恩典？我的祖父母是美國的新移民，他們在我少年時的後期去世，我有時想到要問他們一些事。今天成長的孩子和少年人享有前所未有的影音科技，我們大可藉此傳遞一段口傳歷史。你可以向他們述說你的故事。

你可願意分享你的屬靈旅程？有些人會覺得他們跟耶穌分享的感情分外親密，不便與人分享。但有些人的屬靈洞見十分震撼，巴不得開口傳揚。你未必要以講道的方式向家人和朋友傳講你所學到的，但千萬不要錯過分享你故事的機會。

活在當下

當人年紀漸老，特別是到了垂暮之年時，往往容易緬懷過去，或展望前面的死亡並好好作預備。然而，無論我們可活多久，我們總是活在當下的一刻，屬靈生命就是此刻的生命。祈禱既是把上帝放在生命核心的錨，隨着我們累積更多人生經驗，祈禱可以變得更豐富。

祈禱的服事

無論我們是否參與着積極的事奉，也可能找到更多的時間培養一種默觀的態度。多馬・克拉克這位耶穌會士就倡議一種代禱的事奉：

> 如果我們把這項目稱為代禱的服事，那麼最合適帶領這服事的最佳人選一定非長者莫屬。我們確實堪當此職，非因我們的智慧，甚或我們具備先知的恩賜（即使我們有），而是因為我們擁有一種特殊的貧窮。從不同年紀的角度來看，我們是**貧窮一族**，也是上帝透過我們行奇事的一族。不過，無論我們在肉體、精神或情緒上怎樣經驗衰退，又無論我們仍「活躍地」生活或已經「退休」，我們都可以在「禱告、善工、喜樂和受苦」中樹立代禱事奉的榜樣，讓世界因我們而蒙福。[48]

克拉克神父所倡議的，不是以被動的祈禱去取代活躍的生活。他其實是在邀請那些因年老而落入貧窮境況的人在聖徒相通中找到他們的角色，就是成為他們認識的人以至素未

謀面的人恩典的器皿，正如一首流行聖詩所詠唱的字句一樣：「上主聽到貧窮人的呼喊」。

在痛苦中的祈禱

人在手術康復或進行化療期間，無論是閱讀聖經或使用流行的祈禱程式也可能難以好好祈禱。經文的字句好像飄來飄去；經文的意思難以捉摸；心神恍惚；身體的痛楚似乎把思想弄得一片空白；當痛楚稍得舒緩，人卻又昏昏欲睡；有些經文會勾起內心的牽掛和焦慮；但提及喜樂的經文卻偏偏與我無干。

表面看來，對於落入這些處境的人，依納爵似乎不是他們的祈禱良師。在依納爵從戎的生涯中，怎樣的痛苦他都捱過，而在他養傷之後，也曾有過一段時間沉溺在極端的補贖中。[49] 對於經歷老化過程的人，特別是對痛苦中的長者來說，依納爵的智慧在於他教導人要以效法基督為人生的首要目標。

認識、愛慕和跟隨基督，意味着要經歷痛苦，正如基督經歷過痛苦一樣。當我們以想像式祈禱或以聖言誦讀的方式默觀耶穌的受難和祂在復活後向門徒顯現的經文，過程中會經驗到從恐懼得到釋放，並由此進入盼望的新境界。正如耶穌在最後晚餐告訴門徒：「我往哪裏去，你們知道；那條路，你們也知道。」（約十四 4）

"

依納爵的智慧在於他教導人要以效
法基督為人生的首要目標。

"

死亡是生命的一部分

關於地上生活與永生之間的延續性，早期基督徒的體會
比我們深得多。對聖保羅來說，那些見過主復活而後來去世
的人只是「睡了」（林前十五 6）。於他，並他接着幾代的人
來說，殉道是一個隨時的威脅。在公元 202 年被囚禁在迦太
基（Carthage）的聖佩佩圖（St. Perpetua）曾寫下她的一個夢
境：她夢見她羣體中一位執事在天上向她說：「佩佩圖，快
來，我們在這裏等着你。」[50] 這些面對着殉道或認識殉道者故
事的人都把耶穌的死亡和復活視為基督徒生活的真義。對他
們來說，復活不單是證明了耶穌的神性，或慶祝復活節所根
據的事實；復活是永生的應許，而這應許跟基督徒在世的生
活同樣真實。

在現代，我們已失落了一種意識，指永生是地上生命
延續。殉道者的故事似乎發生在遠古的另一個世界，遙不可
及。對我們來說，癌症和恐怖襲擊的威脅，遠較為信仰而死來
得真實，我們不能體會殉道者跟我們的關係。列入羅馬正典
（Roman Canon，即今天的感恩經第一式〔Eucharistic Prayer I〕）

的殉道者也甚少被提及，因為最少在美國，很多時是採用短式的感恩經。在世俗社會中，只有少數人相信死後有生命，人只是活在自己的世界。

關於死後的事，依納爵在《神操》第一周指定了一個以地獄為題的默想；另外，在關於做決定的準則中，他建議我們想像在「臨終時」或在「審判日」的光景。除此之外，依納爵並沒有明確論及對死亡的應有態度。[51] 這是可以理解的，因為他預期那些進行神操的人，大部分都需要決定究竟要活出哪一種生活方式的年輕人。[52] 由於我們一早已走過這些里程碑，如果要做完整的神操，建議應花一半的退省時間去默想耶穌的苦難和復活。雖然對處於任何人生階段的人，他們默想主的苦難和復活都可以大受裨益，但對於那些意識到自己屬靈旅程剩下的時日不多的人來說，默想耶穌這些奧蹟會特別得到神慰。

上一章提過我的一個默觀經驗，關乎默觀那些在十架下的婦女。她們傷痛欲絕，因為她們還未認識復活。我們都不知道自己的故事何時或怎樣終結，可是我們確實知道耶穌的故事怎樣終結。因此，與其回望過去失去了或錯過了甚麼，不如求主賜下恩典，使我們帶着盼望迎接永生，也記得耶穌的應許：「但我要再見你們，你們的心就喜樂了；這喜樂也沒有人能奪去。」（約十六 22）

依納爵式的祈禱：獻己詠

依納爵以下述禱文作為《神操》的結束。這《獻己詠》禱文通常以其拉丁譯本的首字「奉獻」（*Suscipe*）命名。

主，請收納我的全部自由、我的記憶、我的理智，和
我的整個意志。凡我所有，或所佔有的，都是祢所賞
賜的；我願完全奉還給祢，任憑祢隨意安排。只將
祢的聖寵賞賜給我，我便心滿意足，別無所求了。[53]

這祈禱所表達的降服，與捨棄物質大不相同。我有時遐
想，處於中年的依納爵可會想到這個祈禱會給長者帶來甚麼
感觸，就是那些因健康日差而自由逐漸受到掣肘，短期記憶
正在衰退，或憂慮一旦患上腦退化症而喪失認知能力和意志
的長者。且容我放膽說，較諸那些正在選擇要活出甚麼生活
方式的年輕人，年屆七十或八十歲的人可能更能體會這禱文
所包涵的深義。

我們會問，一個因中風或意外而受困在護理院的人，能
否自由和誠懇地求主「收納我的自由」？又能否放下我的認
知？有些人感到這祈禱有點強人所難，或甚至讓人覺得不可
能，這是不足為奇的。但即使對於那些難以接受老年衰退的
人來說，這個奉獻祈禱提醒我們，我們的一切都是上帝的恩
賜：我們吸入的每一口氣，每一下心跳，所珍惜的每一個回
憶，充斥我們腦海的每一個思想。上帝也許尚未要求我們放
下任何禮物，但隨着年華消逝，我們該學會對主沛然下降的
一切恩惠懷有更大的感恩，每天不忘獻上謝恩和讚美。當上
帝要求我們捨下，恩典自然來臨。

建議祈禱經文

- 約 / 若十四 1-7
- 約 / 若二十一 18
- 啟 / 默二十一 1-3
- 基督受難敘述：太 / 瑪二十六 1-75，二十七 1-61；
  可 / 谷十四 17-72，十五 1-47；
  路二十二 31-71，二十三 1- 55；
  約 / 若十八 1-40，十九 1-45
- 耶穌復活後的顯現：約 / 若十八 1-40，十九 1-45；
  可 / 谷十六 1-8, 9-19；路二十四 1-51；
  約 / 若二十 1-31，二十一 1-23；徒 / 宗一 3-9；
  林前 / 格前十五 5-8

有關依納爵靈修的資源

　　有關依納爵靈修的讀物多不勝數，內文借用或引述的來源見載於書末的註釋中。以下並非一個包羅萬有的書目，但可能是年長人士感興趣的資料。

依納爵靈修

David L. Fleming, SJ, *What is Ignatian Spirituality?* (Chicago: Loyola Press, 2008).

James Martin, SJ, *The Jesuit Guide to (Almost) Everything: A Spirituality for Real Life* (New York: HarperCollins, 2010)。中譯本：詹姆士‧馬丁著。張令憙譯。《平凡見神妙：耶穌會士提供的生活指南》（台北：光啟文化，2016）。

省察祈禱

Jim Manney, *A Simple Life-Changing Prayer: Discovering the Power of St. Ignatius Loyola's Examen* (Chicago: Loyola Press, 2011)。中譯本：吉姆‧曼尼著。陳思宏、常祈天譯。《改變生活的簡單祈禱：依納爵式省察的力量》（台北：上智，2018）。

Mark E. Thibodeaux, SJ, *Reimagining the Ignatian Examen: Fresh Ways to Pray from Your Day* (Chicago: Loyola Press, 2015)。中譯本：馬克‧希柏道克斯著。張毅民譯。《意識省察：改變一天的 15 分鐘祈禱》（台北：光啟文化，2016）。

聖言誦讀（靈閱）

Rev. Fr. Gabriel Mestre, *Pray with the Bible, Meditate with the Word: The Exciting World of Lectio Divina* (Philadelphia: American Bible Society, 2011)。中譯本：盧雲著。徐成德譯。《浪子回頭：一個歸家的故事》（台北：校園書房，2017）。

想像式祈禱

James Martin, SJ, *Jesus: A Pilgrimage* (New York: HarperCollins, 2014).

Henri J. M. Nouwen, *The Return of the Prodigal Son: A Story of Homecoming* (New York: Doubleday, 1994).

歷史小說

Geraldine Brooks, *The Secret Chord* (New York: Viking, 2016).
由先知拿單敘述大衛的故事。

Taylor Caldwell, *Dear and Glorious Physician* (New York: Doubleday, 1959).
聖路加的故事。

Taylor Caldwell, *Great Lion of God* (1970).
聖保羅的故事。

Anne Rice, *Christ the Lord: Out of Egypt* (New York: Ballantine Books, 2008).
耶穌的童年故事。

電影

Ben Hur (1959).

Jesus of Nazareth (1977). Franco Zeffirelli 的電視製作，現有數位影音光碟（DVD）。

The Red Tent (2014). 雅各與利亞女兒底拿的故事。

The Young Messiah (2016). 改編自 Anne Rice 的小說 *Christ the Lord: Out of Egypt*。

神操

《神操》是一套供靈修導師使用的指引，並非供信徒閱讀。以下介紹的是《神操》的演繹，供那些未能抽出大量時間進行整個神操的個人退省而有興趣的讀者參考。

網上退省

"A 34-Week Retreat for Everyday Life" http://onlineministries.creighton.edu/CollaborativeMinistry/cmo-retreat.html. 提供每日祈禱及廣泛資源，包括給小組的指引。資源以多種語言編寫，並提供聲軌。

Andy Alexander, SJ, Maureen McCann Waldron, and Larry Gillick, SJ, *Retreat in the Real World: Finding Intimacy with God Wherever You Are* (Chicago: Loyola Press, 2009). 是上述網站的紙本。

"An Ignatian Prayer Adventure" http://www.ignatianspirituality.com/ignatian-prayer/the-spiritual-exercises/an-ignatian-prayer-adventure/. 神操的八星期簡化版。

John E. Sassani and Mary Ann McLaughlin, *Meeting Christ in Prayer* (Chicago:Loyola Press, 2008). 為堂區小組而設計的八星期課程。

依納爵生平

Autobiography of St. Ignatius Loyola（Parmananda R. Divarkar, SJ 著）的英譯本是經常獲引述的。此外還有不少其他譯著（包括有註釋和沒有註釋的）：James Brodrick, SJ, *St. Ignatius Loyola, the Pilgrim Years, 1491-1538* (San Francisco: Ignatius Press, 1998); Pierre Emonet, SJ, *Ignatius of Loyola: Legend and Reality*, ed. Thomas M. McCoog, SJ, trans. Jerry Ryan (Philadelphia: St. Joseph's University Press, 2016)。

鳴謝

我衷心感謝以下人士：詹姆士・馬丁神父（James Martin, SJ），他在本書出版整個過程中給予支持和鼓勵；艾莉・布克 — 蘇利文博士（Dr. Eileen Burke-Sullivan），她建議把原先文章最終發展成本書；羅耀拉出版社（Loyola Press）的團隊，包括：約瑟夫・杜雷普（Joseph Durepos），維妮塔・賴特（Vinita Wright），碧卡・羅索（Becca Russo），伊芳・米歇蕾蒂（Yvonne Micheletti）；以及利貝嘉・培爾遜（Rebecca Pearson），她提供了「真實的我」的照片；最後是曾跟我分享他們故事的人。

依納爵靈修辭彙淺釋

陳群英

意識省察（Examen Prayer）

依納爵相信人性的經驗常蘊含着上主的足跡，靈修就是去留意及發現它。他鼓勵有心人一天兩次用十至十五分鐘去回顧自己當天生活的經驗，在祈求聖靈的光照下，並懷着感恩之情，去留意自己靈魂的狀態，即個人的情緒、渴望及想法等，將這些與主交談分享，並留意主的回應：主或肯定及鼓勵我，或要求我作出調整，或接受祂的寬恕和醫治，最後以祈求所需要的恩典或以主禱文結束。（見頁 28）

平心或不偏不倚的態度（Detachment or Indifference）

來自《神操》23 條中的「原則與基礎」，意思是人要達到一己受造之目的——即讚美、欽崇及事奉上主，內心首先要有一種不偏不倚的態度去面對世間的人、地、事、物等。例如為了事奉主，先不偏向重視財富多過貧窮，或執着健康而不接受疾病等。它代表一種內心自由的態度，最後只以主的更大榮耀及人的靈魂益處而作出取捨。（見頁 43）

福音默觀或想像式祈禱
（Gospel Contemplation or Imaginative Prayer）

這是以福音故事作為基礎的一種祈禱方式。祈禱者運用想像和五官的覺察，進入福音故事的場景中，默觀並參與耶穌與故事中人物的互動，讓復活的基督在當下與自己相遇。目的是默觀耶穌的言行舉止，從而認識祂的性情、價值以至心懷意念，以期更緊密地跟隨祂和更深切地愛慕祂。（參閱《神操》104 條）（見頁 48）

分辨神類或屬靈分辨（Discernment of spirits）

指在信仰的光照下，一個檢視自己或他人靈魂狀態的過程，為的是在一定程度上判定這些狀態是來自善神（good spirits），使人走近主及對他人作更好的服務，還是來自惡神（evil spirits），使人遠離主及傷害人的靈。來自善神的就要安然接受及追隨；來自惡神的就要勇敢及堅定地拒絕。（見頁 63）

在萬事萬物中尋見上主（Finding God in All Things）

依納爵靈修的一個基本信念，是創造天地的主今天臨在這世界和我們生活中，且活潑地推展着祂的心意和計畫，因此人可以在生活的所有層面找到上主的足跡，包括個人內心的情感思緒以至一切事件、人際關係和公共領域。換句話說，一切事物都具有屬靈的向度，而有心尋求主的人可以在每時每

刻與這位永遠活着的主相遇，跟祂發展親密的關係，並且找到祂給個人的特殊召命，配合祂在世界的美善心意。（見頁 35, 70）

聖言誦讀（Lectio Divina）

這是用經文去祈禱的一種方式。祈禱者祈求並等候聖靈的光照，在誦讀聖言時聆聽哪些說話觸動心靈，然後加以反覆念誦，讓聖言從腦際沉澱心田，在內心深處引起迴響，繼而就聖言所引起的意念和思緒情感與主交談，最後是憩息在主的臨在中。（見頁 48）

神慰（Spiritual consolation）

神慰經驗指心靈享受到與主一份親密及默契，激起內心的愛火及愉悅，只渴望為主而活；或痛恨己罪而越發愛主；或信、望、愛增長，使人憩息在主內等狀態。（參閱神操 316 條）（見頁 65, 66）

神枯（Spiritual desolation）

神枯的狀態基本上與神慰剛好相反，人感覺離主很遠，對屬靈的事物失去興趣。內心充斥着騷擾、晦暗、誘惑及卑下的傾向等，以致信、望、愛在減退。整個靈魂經歷着懶惰、愁苦及冷漠等。（參閱神操 317 條）（見頁 65）

神操（Spiritual Exercises）

狹義上，神操指依納爵為三十天的退省活動而寫給導師參考的手冊（書中提及此著作時會加上書名號）。書中載有各種祈禱或屬靈操練的指引，如省察、默想、默觀、口禱、心禱、屬靈分辨等，其目的是助人整頓及料理自己的靈魂，驅除錯亂的偏情，覓得上帝的聖意，從而調整自己的生活。廣義上，神操泛指以上的各種祈禱或屬靈操練活動。（參閱《神操》1 條）

以上資料部分取錄自《點滴：日常生活中的神操》。承蒙出版人同意轉載，謹此致謝。

關於作者

　　作者李珀娜（Barbara Lee）在克瑞頓大學神學研究院（Creighton University Graduate School of Theology）修畢基督教靈修學課程，現提供靈修指導服務。她曾任職律師和美國裁判院法官，提早退休後加入由退休人士組成的依納爵平信徒義工團，以依納爵靈修的精神服事窮人。她在二零一一年獲頒紐約區的道路之母獎項（Della Strada Award），表揚她「一生憑着愛投入社會服務，懷着熱誠改變世界」。她的義工服務包括在移民中心教授英語，並參與促進基督徒合一的多個組織。她現居於紐約市。

註釋

1. Ignatian Volunteer Corps, 112 E. Madison Street, Baltimore, MD 21202, www.ivcusa.org.

2. Cabrini Immigrant Services of NYC, 139 Henry Street, New York, NY 10002, http://www.cis-nyc.org.

3. 聖經也有一個比較嚴謹的教導，見箴十六 9。

4. Jesuit Volunteer Corps, 801 Saint Paul Street, Baltimore, MD 21202.

5. Mercy Associates, 8380 Colesville Road, #300, Silver Spring, MD 20910, https://www.sistersofmercy.org/contact-us/#become-an-associate.

6. L'Arche USA, 1130 SW Morrison Street, Suite 230, Portland, OR 97205, https://www.larcheusa.org.

7. 有關老化過程和平均壽命的統計數字取自 2016 年聯邦政府有關老化統計數字的跨部門論壇，資料亦見載於 https://agingstats.gov 及美國政府出版局（U.S. Government Publishing Office）。在波士頓大學醫學院協助下而進行的新英格蘭百歲人瑞研究估計，百歲人瑞的數字超過八萬人並指出「你愈長壽，你過去享有更好健康。」http://www.bumc.bu.edu/centenarian/overview。

8. 「日常生活退省」是根據《神操》凡例十九而進行；而簡化版則根據凡例十八。

9. 見《神操》23 條（原則與基礎）。

10. Margaret Silf, *Simple Faith* (Chicago: Loyola Press, 2012), 31-32.

11. George Aschenbrenner, "Consciousness Examen," *Review for Religious* 31, (1972), 14-21.

12. 亞申伯納（Aschenbrenner）建議省察祈禱以祈求光照開始，但也提出，第一與第二個步驟可以互換。

13. 米高安哲羅未完成的雕塑慈悲聖母像（*Rondanini Pietà*）現置放於意大利米蘭斯福爾扎古堡（Castello Sforzesco）。有關英文網址：https://www.milancastello.it/en。

14. 「不能改變的抉擇」見《神操》172 條；「可改變的抉擇」見 173 條；「平心或善」見 170 條；「上帝我們的主感動和吸引人的意志」見 175 條。

15. 按理性的行事方式，見《神操》178-183 條。

16. Richard J. Hauser, SJ, *Moving in the Spirit: Becoming a Contemplative in Action* (Mahwah, NJ: Paulist Press, 1986), 70.

17. 《神操》179 條。

18. 《神操》183 條。可參考以下評論者：Richard J. Hauser, SJ, *Moving in the Spirit: Becoming a Contemplative in Action* (Mahwah, NJ: Paulist Press, 1986), 76-79; Dean Brackley, *The Call to Discernment in Troubled Times* (New York: Crossroad Publishing Company, 2004), 151。

19. 《神操》135 條。

20. 《神操》214 條。

21. 《神操》112 條。

22. 博物館資料庫：例如 the Google Cultural Institute 提供了不斷擴大的資料庫，存有幾百萬個影像，包括了米高安哲羅、拉斐爾和其他以宗教圖像見稱的文藝復興時代藝術家的幾百幅作品，見 https://www.google.com/culturalinstitute。由十四所藝術學院合作的計畫 Pharos 開設了一個可供搜尋的資料庫，最終會提供一千七百萬件藝術品。見 Ted Loos, "'Photo Archives Are Sleeping Beauties.' Pharos Is Their Prince."，載於 *New York Times*，2017 年 3 月 14 日，網址：https://www.nytimes.com/2017/03/14/arts/design/art-history-digital-archive-museums-pharos.html；www.pharosartresearch.org。個別博物館如紐約都會藝術館和倫敦國立美術館均設有自己的資料庫。

23. 我提出的問題是啟發自吉多‧雷尼（Guido Reni, 1575-1642）的作品：*The Adoration of the Shepherds*。原作存放於倫敦國立美術館。網址：https://www.nationalgallery.org.uk/paintings/guido-reni-the-adoration-of-the-shepherds。

24. 依納爵關於財物的教導：見《神操》155、156 條；關於運用錢財：見 189 條；關於寧願選擇貧窮：見 167 條；關於賙濟窮人：見 189 條。

25. 默想八福：見《神操》167、278 條。耶路撒冷譯本（The Jerusalem Bible）是梵蒂岡第二屆大公會議後獲通過的第一本英文聖經譯本，同時也獲英格蘭和威爾斯主教團議會通過供禮儀上使用的聖經譯本。

26. 「神貧」：見 NAB 對太五 3 的註解；James Martin, SJ, *Jesus: A Pilgrimage* (New York: HarperCollins, 2014), 173。聖經學者對於八福所論是描述現今的真實境況抑或應許在永生得到的獎賞，意見不一。有關不同詮釋的討論見 James Martin, SJ, *The Jesuit Guide to (Almost) Everything: A Spirituality for Real Life* (New York: HarperCollins, 2010), 170-71。

27. 「內心的動態」：見《依納爵自傳》，頁 6。賀辛神父（Richard Hauser, SJ）在克瑞頓大學神學研究院有關分辨神類的課程，則使用了「內心的起伏」一詞。

28. Parmananda R. Divarkar, SJ, *A Pilgrim's Testament: The Memoirs of Saint Ignatius of Loyola* (1983), 6-8.

29. George E. Ganss, ed., *Ignatius of Loyola: Spiritual Exercises and Selected Works* (Mahwah, NJ: Paulist Press, 1991), 71.

30. 同上。

31. 同上。

32. 關於「惡神」與「善神」的廣義討論，見 Timothy M. Gallagher, O.M.V., *The Discernment of Spirits: An Ignatian Guide for Everyday Living* (New York: Crossroad Publishing Company, 2005), 33-34; Katherine Dyckman, Mary Garvin and Elizabeth Liebert, *The Spiritual Exercises Reclaimed: Uncovering Liberating Possibilities for Women* (Mahwah, NJ: Paulist Press, 2001), 251-52。

33. 神枯：見《神操》317 條；「惡神的特徵」：見《神操》315 條。

34. 抑鬱症的特徵：見疾病控制中心（Centers for Disease Control），"Depression Is Not a Normal Part of Growing Older"(2017)，網址：https://www.cdc.gov/aging/mentalhealth/depression.htm；及國家精神病聯

盟（National Alliance on Mental Illness），"Depression in Older Persons Fact Sheet" (2017)。上述疾病控制中心（CDC）估計，長者患上抑鬱症的比例約有百分之一到五，而國家精神病聯盟（NAMI）則估計可能高達百分之十八點五。

35. John Beevers, trans., *The Autobiography of Saint Thérèse of Lisieux: The Story of a Soul* (New York: Doubleday, 1957), 116-18, 136.

36. Thomas R. Nevin, *Thérèse of Lisieux: God's Gentle Warrior* (New York: Oxford University Press, 2006), 312.

37. Beevers, trans., *The Autobiography of Saint Thérèse of Lisieux*, 140.

38. 神慰：見《神操》316 條；「養精蓄銳」：見《神操》319 條。

39. 「一份徹底的清明和知識基礎」：見《神操》176 條。

40. 有關比喻：見《神操》325-327 條。把 325 條的比喻演繹為「寵壞的孩子」，見 David L. Fleming, SJ, *Draw Me into Your Friendship: A Literal Translation and a Contemporary Reading of the Spiritual Exercises* (Boston: Institute of Jesuit Sources, 1996), 257。有關此演繹的討論見 James Martin, SJ , *The Jesuit Guide to (Almost) Everything: A Spirituality for Real Life* (New York: HarperCollins, 2010), 333。

41. 《神操》332 條。

42. 在神枯中不宜做決定：見《神操》318 條；有關在神枯中建議的對策：見《神操》320-321；323-324 條。

43. 有關靈修指導的定義，引句經常取錄自以下著作：William A. Barry and William J. Connelly, *The Practice of Spiritual Direction*, rev. ed. (New York: HarperCollins, 2009), 8。以下是我個人的撮錄：「靈修指導是一位信徒幫助另一位信徒，讓後者留意上主給他 / 她個人的通傳，回應這位向個別的人通傳的上主，與這位主發展愈來愈親密的關係，並讓這關係成為生活的泉源。」

44. Office of Ignatian Spirituality online database: http://www.jesuitseastois.org/spiritualdirection?PAGE=DTN-20170523013142.

45. Spiritual Directors International: PO Box 3584, Bellevue, WA 98009; http://www.sdiworld.org.

46. Dante, *The Inferno of Dante: A New Verse Translation*, trans. Robert Pinsky (New York: Farrar, Straus and Giroux, 1994), lines 1-3; Cicero, *How to*

Grow Old: Ancient Wisdom for the Second Half of Life, trans. Philip Freeman (Princeton, NJ: Princeton University Press, 2016); Gerald O'Collins, *The Second Journey: Spiritual Awareness and the Mid-Life Crisis* (Mahwah, NJ: Paulist Press, 1978), 38-40（依納爵）；46（德蘭修女）；40-42（潘霍華）；81（門徒）。他的「第三旅程」包括「老化和死前的幾年」，他視這階段為「美麗和簡樸」，因為有「百萬計的同行者」相伴，令人「倍感安慰」，12-14。

47. 莎士比亞：《皆大歡喜》（*As You Like It*），第二幕，第七場，139-166 行。在中世紀，他這樣形容衰老的情況：「腰纏滿貫，肚滿腸肥……眼神凌厲」，卻一息間「變得瘦骨嶙峋，成了一個穿上拖鞋，鼻樑上架着眼鏡，腰間放個小錢袋的龍鍾老翁」，154-156 行。

48. Thomas E. Clarke, SJ, "Elderhood for the World," *America* (July 29, 2000), 9.

49. 怎樣的痛苦他都得捱過：《依納爵自傳》2；極端的補贖：14-17。

50. 佩佩圖的異象：Herbert Musurillo, trans., *The Acts of the Christian Martyrs* (New York: Oxford University Press, 1972), 117。"The Martyrdom of Saints Perpetua and Felicitas" 的文本是關於殉道者生平的最早期第一手文獻之一。相信佩佩圖在獄中保存一本日記，而一位不知名的編輯在她死後續寫她的生平故事。敘述者形容佩佩圖和她的同伴「歡歡喜喜地從監牢走到競技場，猶如走向天堂，他們面容平靜，顫抖着，卻是因為歡喜而不是害怕」，他們視殉道如同「第二次的洗禮」。全文可在多個網址找到，如 https://www.scribd.com/document/249295097/Musurillo-Acts-of-the-Christian-Martyrs。

51. 地獄的默想：《神操》67-82 條；「臨終時」：186 條；「審判日」：187 條。

52. 關於度哪種生活方式的決定：《神操》169、171、172 條。

53. 獻己詠：《神操》234 條。

笑傲金齡系列 3

熟齡恩典：當迎接上帝仍要給我的使命

作　者：　李珀娜
翻　譯：　陳群英
編　輯：　黃嘉莉、任雋詠
設　計：　郭思穎
製　作：　鄭堅徒
發行人：　翁傳鏗
出版社：　**基督教文藝出版社有限公司**
　　　　　總辦事處：香港九龍柯士甸道140-142號14樓
　　　　　電話：2367 8031　　　　傳真：2739 6030
　　　　　電郵：info@cclc.org.hk　　　網址：www.cclc.org.hk
　　　　　發行：新界沙田火炭黃竹洋街9-13號仁興中心702室
　　　　　電話：2697 0286　　　　傳真：2694 7760
　　　　　電郵：warehouse@cclc.org.hk
承　印：　陽光（彩美）印刷有限公司
二零一九年十二月初版
經文引自《新標點和合本》，版權屬香港聖經公會所有，蒙允准使用。

The Golden Christian Series 3

**God Isn't Finished with Me Yet:
Discovering the Spiritual Graces of Later Life**

Author:　　　Barbara Lee
Translator:　Chan Kwan Ying
Editors:　　Isabella Wong Ka Lei, Yam Chun Wing
Design:　　Charis Kwok
Production:　Cheng Kin To
Publisher:　Yung Chuen Hung

All Rights Reserved
First Edition:　December 2019

Chinese Christian Literature Council Ltd.
14/F, 140-142 Austin Road, Kowloon, Hong Kong
Tel: 2367 8031　　　Fax: 2739 6030
E-mail: info@cclc.org.hk　　Website: www.cclc.org.hk

Cat. No. 3040.03F　　　　1.5m78　　　　ISBN 978-962-294-356-8